Univers des Lettres Bordas

Sous la direction de
Fernand Angué, André Lagarde, Laurent Michard

D I D E R O T

GW00707885

ENCYCLOPÉDIE

Extraits
avec une chronologie de l'Encyclopédie, une étude
générale de l'œuvre, une analyse méthodique des
articles choisis, des notes, des questions, des thèmes
de réflexion et un index général

par

J. CHARPENTIER
Principal du Collège
Ronsard
de St-Maur-des-Fossés,

M. CHARPENTIER
Agrégé des Lettres

Bordas

© Bordas, Paris 1967 - 1re édition
© Bordas, Paris 1985 pour la présente édition
I.S.B.N. 2-04-016025-6; I.S.S.N. 0249-7220

Toute représentation ou reproduction, intégrale ou partielle, faite sans le consentement de l'auteur, ou de ses ayants droit ou ayants cause, est illicite (loi du 11 mars 1957, alinéa 1er de l'article 40). Cette représentation ou reproduction, par quelque procédé que ce soit, constituerait une contrefaçon sanctionnée par les articles 425 et suivants du code pénal. La loi du 11 mars 1957 n'autorise, aux termes des alinéas 2 et 3 de l'article 41, que les copies ou reproductions strictement réservées à l'usage privé du copiste et non destinées à une utilisation collective d'une part et, d'autre part, que les analyses et les courtes citations dans un but d'exemple et d'illustration.

CHRONOLOGIE DE L'ENCYCLOPÉDIE

1670   Publication du *Dictionnaire historique* de MORERI.

1675   Colbert demande à l'Académie des Sciences un « traité de mécanique » qui décrirait « toutes les machines en usage dans la pratique des arts ». Le premier volume, sous le titre *Description des arts et métiers*, ne verra le jour qu'en 1761.

1697   BAYLE publie son *Dictionnaire historique et critique*, mine d'érudition mise au service de l'esprit critique. Chaque article est accompagné de notes très développées où s'expriment les idées les plus audacieuses.

1704   Parution à Londres du *Lexicon technologicum, or an Universal Dictionary of the arts and sciences*, de John Harris.
Première édition à Trévoux (Ain) du *Dictionnaire* dit de Trévoux *(Dictionnaire universel français et latin, contenant la signification et la définition tant des mots [...] que des termes propres de chaque état et de chaque profession [...] l'explication de tout ce que renferment les sciences et les arts)*, composé par les Jésuites.

1728   Publication à Londres de la *Cyclopædia, or an Universal Dictionary of arts and sciences* d'EPHRAÏM CHAMBERS, répertoire bien documenté qui accorde une place importante aux arts et aux métiers.

1732   Édition revue et augmentée par Fontenelle du *Dictionnaire des arts et des sciences* de Thomas CORNEILLE (1694), ouvrage sec et confus.

1743   Cinquième édition du *Dictionnaire de Trévoux*.

1744   Achèvement de la publication de l'*Historia critica philosophiae* du pasteur Brucker qui étudie chronologiquement l'histoire de l'esprit humain.

1745 (février). Le libraire LE BRETON s'associe à l'Allemand Sellins et à l'Anglais Mills pour la traduction en français de la *Cyclopædia* de Chambers.
(26 mars). Le Breton obtient un premier privilège [1] pour l'édition en quatre volumes d'un *Dictionnaire universel des arts et des sciences*.
(Août). Rupture entre le libraire et ses deux collaborateurs.
(18 octobre). Le Breton signe un contrat pour la publication d'une Encyclopédie française avec trois de ses collègues parisiens, Briasson, Durand et David, qui préparaient depuis 1744 une

---

1. Acte officiel assurant à un libraire le monopole d'un ouvrage et lui accordant l'autorisation de le publier.

édition du *Dictionnaire de médecine* de l'Anglais James, traduit par Diderot.

1746 (21 janvier). Le chancelier d'Aguesseau accorde aux quatre associés le renouvellement d'un privilège concernant une Encyclopédie, ou *Dictionnaire universel des arts et des sciences, traduit des Dictionnaires anglais de Chambers et de Harris, avec des additions* (27 juin). La direction de l'édition est confiée à l'abbé de GUA de MALVES, membre de l'Académie des sciences. Il est assisté par DIDEROT et d'ALEMBERT, chargés de refaire les articles mal traduits.

(7 juillet). Condamnation par le Parlement des *Pensées philosophiques*, œuvre anonyme de Diderot.

1747 (16 octobre). Diderot et d'Alembert remplacent solidairement l'abbé de Malves à la direction de l'*Encyclopédie*.

1748 (30 avril). Un nouveau privilège consacre un changement d'orientation dans la conception de l'œuvre; il concerne une *Encyclopédie, ou Dictionnaire universel des sciences, arts et métiers, traduit [...] avec des augmentations.*

(Octobre). Publication à Genève de *l'Esprit des lois* de Montesquieu.

Diderot entreprend une enquête technique dans les ateliers des faubourgs.

1749 (juin). Diderot engage un dessinateur, Goussier, pour refaire ou compléter des figures achetées à des graveurs ou à des marchands.

(24 juillet). Arrestation de Diderot, incarcéré à Vincennes — et non à la Bastille qui est pleine — à la suite de sa *Lettre sur les aveugles à l'usage de ceux qui voient.* Au bout d'un mois il peut recevoir ses amis, d'Alembert, Jean-Jacques Rousseau, et ses libraires qui, craignant la ruine de l'*Encyclopédie*, multiplient les démarches en sa faveur.

(3 novembre). Libération de Diderot qui se remet immédiatement au travail.

1750 (novembre). Diffusion à 8 000 exemplaires du *Prospectus* définitif qui énonce, dans sa dernière page, les conditions de la publication (dix volumes in-folio dont deux de planches) et de la souscription : 60 livres[1] en acompte, 36 livres à la réception du premier volume prévue pour juin 1751, 24 livres à la livraison de chacun des suivants échelonnés de six mois en six mois, 40 livres à la réception du huitième volume et des deux tomes de planches. En tout, 372 livres.

1751 (janvier). Sous la plume du Jésuite Berthier, le *Journal de Trévoux* critique l'imitation de Bacon dans le tableau des connaissances humaines joint au prospectus.

---

1. Rappelons que, pour diriger l'Encyclopédie, d'Alembert reçut 400 livres par an de 1751 à 1758.

1751 (février). *Lettre au R. P. Berthier*, réponse ironique et cinglante de Diderot qui, soucieux de publicité, joint à sa lettre le texte de l'article *Art*. Une vive polémique s'ensuit, qui excite la curiosité du public et contribue à entraîner l'afflux des souscripteurs (plus de mille à la fin d'avril).

(28 juin). Publication du premier volume, tiré à 2 050 exemplaires, de l'*Encyclopédie ou Dictionnaire raisonné des sciences, des arts et des métiers, par une société de gens de lettres, mis en ordre et publié par M. Diderot, de l'Académie Royale des Sciences et Belles-Lettres de Prusse, et, quant à la partie mathématique, par M. d'Alembert, de l'Académie Royale des Sciences de Paris et de celle de Prusse et de la Société Royale de Londres*, précédé d'une dédicace flatteuse au comte d'Argenson, garde des sceaux, et du *Discours préliminaire* d'Alembert.

(octobre). Attaques très vives du *Journal de Trévoux :* les Jésuites accusent les rédacteurs de l'*Encyclopédie* de critiquer leur enseignement, de rabaisser les rois et les saints, de prêcher la liberté d'expression et de plagier le *Dictionnaire* de Trévoux. L'évêque de Mirepoix, Boyer, aumônier de la Dauphine, met en garde le roi contre les tendances inquiétantes de l'*Encyclopédie* et obtient que Malesherbes, le nouveau directeur de la Librairie, nomme trois censeurs chargés de surveiller la rédaction des articles.

(18 novembre). L'abbé DE PRADES, ami de Diderot et collaborateur de l'*Encyclopédie*, soutient avec succès en Sorbonne sa thèse de doctorat, *Quel est celui sur la force duquel Dieu a répandu le souffle de la vie?* Mais rapidement les Jésuites y discernent des propositions antichrétiennes.

(décembre). Voltaire, dans la conclusion du *Siècle de Louis XIV*, salue l'*Encyclopédie* comme l'ouvrage « immense et immortel » de ses disciples.

1752 (janvier). Quelques jours après la parution du tome II de l'*Encyclopédie*, la thèse de l'abbé de Prades est censurée « avec horreur » par la Sorbonne qui l'accuse de prôner le sensualisme et la religion naturelle; l'archevêque de Paris, CHRISTOPHE DE BEAUMONT, lance un mandement contre elle, puis le Parlement la condamne au feu.

(février). *Les Réflexions d'un franciscain, avec une lettre préliminaire adressée à M.* [Diderot], *auteur en partie du Dictionnaire philosophique*, pamphlet du Jésuite Geoffroy, révèlent les rapports entre l'abbé de Prades et les abbés Yvon, Pestré, Mallet, collaborateurs de l'*Encyclopédie*, au moment où l'article *Certitude*, signé par l'abbé de Prades, est taxé d'hérésie par les Jésuites.

(7 février). Arrêt du Conseil du roi, ordonnant que les deux premiers volumes de l' « ouvrage intitulé *Encyclopédie* seront et demeureront supprimés ». Peu après, les abbés de Prades, Pestré et Yvon s'exilent.

1752 (mai). Grâce aux efforts de Malesherbes — qui a fait mettre à l'abri de toute saisie, peut-être chez son propre père le chancelier Lamoignon, les papiers de Diderot et des libraires — et au crédit de Madame de Pompadour, le gouvernement autorise discrètement Diderot et d'Alembert à reprendre leur œuvre.

       (novembre). La Querelle des bouffons, opposant les partisans de l'opéra français traditionnel et les admirateurs de l'opéra-bouffe italien, commence à accaparer l'attention du public.

1753   Publication du tome III de l'*Encyclopédie*, tiré à 3 100 exemplaires, avec un *Avertissement* des éditeurs rédigé par d'Alembert.

1754 (février). Nouveau tirage des trois premiers tomes, pour aboutir à 4 200 exemplaires.

       (novembre). Tome IV de l'*Encyclopédie*. L'entreprise a conquis une importance nationale. Dans l'article *Droit de copie*, prévu pour le tome V, le libraire David écrit qu'elle « appartient à la France ». D'Alembert est élu à l'Académie Française.

1755 (novembre). Tome V, précédé d'un *Éloge de Montesquieu* par d'Alembert.

1756 (mai). Tome VI de l'*Encyclopédie*.

       (août). Séjour de d'Alembert chez Voltaire, aux Délices. Tous deux préparent l'article *Genève*.

1757 (5 janvier). Attentat de Damiens contre Louis XV.

       (21 avril). Édit du Parlement prévoyant la peine de mort ou les galères pour les auteurs et imprimeurs de livres tendancieux et clandestins.

       (30 juin). Article de Fréron accusant de plagiat l'auteur du *Fils naturel*, drame publié par Diderot en février. Dès lors, les attaques contre l'*Encyclopédie* s'accumulent dans *le Mercure de France* : « Premier Mémoire sur les Cacouacs » (les Encyclopédistes); « Avis utile et nouveau Mémoire pour servir à l'histoire des Cacouacs » de Moreau, historiographe du roi, qui « montre les Encyclopédistes comme un corps organisé, possédant tout l'attirail nécessaire au combat, et marchant délibérément à l'assaut de la morale, de la religion et du gouvernement » (Jacques Proust, *Diderot et l'Encyclopédie*, p. 109); dans *l'Année littéraire* de Fréron : « Petites Lettres sur de grands philosophes »; dans *la Gazette littéraire*, *la Gazette de France*, les *Mémoires de Trévoux* et dans *les Nouvelles ecclésiastiques*, le journal des jansénistes.

       (novembre). Tome VII de l'*Encyclopédie*. L'article *Genève*, signé par d'Alembert, suscite la protestation des pasteurs genevois, qui ont pris pour une insulte l'éloge de leur socinianisme [1] et, en France, les cris du parti dévot qui y décèle une profession de foi déiste.

---

1. Voir p. 98, note 3.

1758 (janvier). « Excédé des avanies et des vexations que l'ouvrage lui attire, des satires odieuses et même infâmes » (Lettre à Voltaire du 20 janvier 1758), d'Alembert, qui par ailleurs juge insuffisants les émoluments [1] que lui attribuent les libraires, décide de renoncer à sa tâche.

(mars). Les libraires rédigent un *Mémoire sur les motifs de la suspension de l'Encyclopédie*, où ils conjurent leur collaborateur de conserver son poste. D'Alembert accepte sans enthousiasme.

(juillet). HELVÉTIUS, ami des Encyclopédistes, publie son traité *De l'Esprit* qui expose une philosophie matérialiste.

(août). Révocation du privilège de *l'Esprit*.

(septembre). Publication des deux premiers volumes des *Préjugés légitimes contre l'Encyclopédie*, où Abraham Chaumeix réfute simultanément *l'Encyclopédie* et le livre de *l'Esprit*.

(novembre). Mandement de l'archevêque de Paris condamnant *l'Esprit*.

1759 (23 janvier). Le Parlement examine huit livres subversifs, dont *l'Esprit* et *l'Encyclopédie ;* puis le Procureur du roi prononce un violent réquisitoire : « La Société, l'État, la Religion se présentent aujourd'hui au Tribunal de la Justice pour lui porter leurs plaintes; leurs droits sont violés, les lois sont méconnues; l'impiété qui marche le front levé paraît, en les offensant, promettre l'impunité à la licence qui s'accrédite de jour en jour. » (6 février). *L'Esprit* est condamné à être lacéré et brûlé par la main du bourreau; le jugement sera exécuté quatre jours plus tard, devant le Palais de justice. *L'Encyclopédie* échappe à cette sanction, mais est soumise à une commission de révision composée de théologiens, d'avocats et de savants, tous jansénistes. (8 mars). Le Conseil du roi révoque le Privilège de 1746; la distribution et la réimpression de *l'Encyclopédie* sont et demeureront interdites. Cet arrêt paraît sonner le glas d'une entreprise que d'Alembert, de son côté, abandonne définitivement. Pourtant il va permettre le sauvetage de l'œuvre : « La révocation du privilège mettait *l'Encyclopédie* hors de l'atteinte légale de ses ennemis, sans pourtant empêcher sa continuation, pour peu qu'on usât bien de la permission tacite » (Jacques Proust, *l'Encyclopédie*, p. 65).

(21 juillet). Nouvel arrêt ordonnant le remboursement des souscripteurs pour les volumes non parus. Mais aucun souscripteur ne réclame son argent.

Les libraires prennent des contacts avec des éditeurs étrangers et adressent au chancelier un mémoire proposant que l'impression se fasse à l'étranger ou qu'elle continue en France avec la tolérance du gouvernement. Malesherbes refuse la première

---

1. Quatre cents livres par volume.

solution et garde le silence sur la seconde. Les Encyclopédistes profitent de cet accord implicite.

1759   Malgré la condamnation de l'ouvrage par le pape Clément XIII (3 septembre), Diderot et les libraires font admettre le remboursement des souscripteurs par la livraison des planches, « à raison d'un volume de 250 planches par an, à commencer en 1760 ».

(8 septembre). Nouveau privilège accordé pour un *Recueil de mille planches gravées en taille douce sur les sciences, les arts libéraux et mécaniques, avec les explications des figures en quatre volumes in folio.* Diderot peut donc continuer son travail.

(novembre). Les adversaires de l'*Encyclopédie* attaquent sur un autre plan. FRÉRON publie la dénonciation d'un ancien employé des libraires : les planches dont l'impression se prépare auraient été dérobées à Réaumur avant la mort de ce dernier. L'Académie des Sciences — dont Réaumur avait été le secrétaire perpétuel — enquête et lave Diderot de cette accusation.

1760   (mars). LEFRANC DE POMPIGNAN prononce à l'Académie Française un discours de réception qui critique violemment l'*Encyclopédie* et l'esprit philosophique. Voltaire réplique par une succession de pamphlets : les *quand*, les *pour*, les *que*, les *qui*, les *quoi*, les *oui*, les *non*, les *car*, les *ah! ah!*. Et, pour venger Diderot, il décide de présenter la candidature de ce dernier à l'Académie Française. Mais Diderot décline l'offre.

(mai). PALISSOT fait représenter à la Comédie-Française sa comédie des *Philosophes*, qui plagie *les Femmes savantes*, et maltraite Diderot, Helvétius, Grimm, Madame Geoffrin et Rousseau : ce dernier marche à quatre pattes sur la scène. L'abbé Morellet riposte par une brochure incisive, *Vision de Charles Palissot*, qui lui vaut d'être embastillé.

1761   Diderot fait jouer avec succès *le Père de famille* et achève le texte des explications accompagnant les planches de l'*Encyclopédie*.

1762   Le premier volume de planches paraît en janvier. L'avenir de l'œuvre va être assuré par... les jansénistes : à la suite de la banqueroute d'un Jésuite (La Valette, qui s'était lancé dans le commerce), le Parlement janséniste fait fermer les collèges des Jésuites, puis le 6 août condamne « les bulles, brefs, constitutions, et autres règlements de la Société se disant de Jésus ». Les membres de la compagnie sont expulsés hors de France. Avec eux disparaissent les adversaires les plus acharnés de l'*Encyclopédie*. Et Diderot peut refuser la proposition de Catherine II qui lui offrait d'achever son Dictionnaire à Saint-Pétersbourg.

1763   Les volumes II et III de planches se succèdent. L'*Encyclopédie* perd son protecteur Malesherbes, heureusement remplacé à la direction de la Librairie par un ami de Diderot, Sartine.

1764 (novembre). Cherchant un renseignement dans un des volumes imprimés, mais non encore parus, Diderot s'aperçoit que, pour éviter tout ennui avec la censure, le libraire Le Breton a falsifié depuis deux ans certains de ses articles et les articles de Saint-Lambert, Turgot, d'Holbach, Jaucourt. Le philosophe exprime son indignation dans une lettre de plusieurs pages : *Vous m'avez mis dans le cœur un poignard que votre vue ne peut qu'enfoncer davantage* [...].

Vous m'avez lâchement trompé deux ans de suite; vous avez massacré ou fait massacrer par une bête brute le travail de vingt honnêtes gens qui vous ont consacré leur temps, leur talent et leurs veilles gratuitement, par amour du bien et de la vérité, et sur le seul espoir de voir paraître leurs idées et d'en recueillir quelque considération qu'ils ont bien méritée et dont votre injustice et votre ingratitude les aura privés [...].

On apprendra une atrocité dont il n'y a pas d'exemple depuis l'origine de la librairie. En effet, a-t-on jamais ouï parler de dix volumes in-folio clandestinement mutilés, tronqués, hachés, déshonorés par un imprimeur [...]?

Ce qu'on y[1] *a recherché, c'est la philosophie ferme et hardie de quelques-uns de vos travailleurs. Vous l'avez châtrée, dépecée, mutilée, mise en lambeaux sans jugement, sans ménagement et sans goût. Vous nous avez rendus stupides et plats. Vous avez banni de votre livre ce qui en aurait fait encore le piquant, l'intérêt et la nouveauté...* » (Lettre à Le Breton du 12 novembre 1764.) Profondément meurtri, Diderot prend pourtant conscience du fait qu'il est impossible de tout réimprimer et, pressé par ses amis, il consent à mener sa tâche jusqu'à son terme.

1765 (août). Diderot écrit un Avertissement pour servir de préface au tome VIII. L'achèvement de son œuvre ne lui ôte pas son amertume : « *Notre ouvrage serait fini sans une nouvelle bêtise de l'imprimeur qui avait oublié dans un coin une partie du manuscrit. J'en ai, je crois, pour le reste de la semaine, après laquelle je m'écrierai : Terre! Terre!* » (Lettre à Sophie Volland du 8 août 1765).

(décembre). La mort du dauphin affaiblit le parti dévot, et les libraires jugent le moment opportun pour mettre à la disposition du public le reste de l'ouvrage.

1766 (janvier). Publication du volume IV de planches et des dix derniers volumes de discours. Le titre, modifié par un prudent subterfuge, tend à faire croire que l'œuvre a été imprimée à l'étranger : *Encyclopédie ou Dictionnaire raisonné des sciences, des arts et des métiers, par une Société de gens de lettres. Mis en ordre par M. ***. A Neufchatel, chez Samuel Fauche et Compagnie, libraires et imprimeurs, 1765.*

---

1. Dans l'*Encyclopédie*.

1766 (28 février). Torture et exécution du chevalier de La Barre.
    (23 avril). Emprisonnement à la Bastille, pour huit jours, du
    libraire Le Breton, coupable d'avoir expédié à Versailles, sans
    autorisation, plusieurs exemplaires des derniers volumes. Cet
    incident n'empêche pas Diderot de mettre au point les derniers
    volumes de planches.

1767-1772 Publication des tomes V à XI de planches.

CL. GIRAUDON

Portrait de Diderot par L. M. Van Loo

LA VIE DE DIDEROT

DENIS DIDEROT est né le 5 octobre 1713 à Langres. Cette ville aux pierres grises a beaucoup compté pour lui : place forte à la frontière de la Franche-Comté, annexée depuis peu de temps, et de la Lorraine, toujours étrangère, Langres ne s'est jamais soumise aux Anglais, ni à la Ligue, ni à la Fronde. Fidélité au roi, fidélité à Dieu : c'est une cité sans huguenots, peuplée de couvents, d'églises et de séminaires. Mais la bourgeoisie et les artisans y mènent une vie active, dont la coutellerie est une des gloires. Le père de Diderot, maître coutelier, est un artisan à l'aise dans son métier, dans sa conscience et dans sa ville : « Lisons l'*Entretien d'un père avec ses enfants :* chez le coutelier Diderot, devisent sans gêne ni préséance le prêtre, la dame noble, le médecin, l'oratorien, le lieutenant criminel, le chapelier. Une commune médiocrité lie toutes les classes sociales, ce qui n'est le cas ni de la Genève de Rousseau ni du Bordeaux de Montesquieu » (Paul Vernière, *Diderot,* « *Œuvres politiques* », p. VIII).

Parmi les sept enfants nés du ménage Diderot, Denis est l'aîné des survivants : sa sœur DENISE, « sœurette », avec laquelle il entretiendra toujours de bonnes relations, naît en 1715, et son frère DIDIER-PIERRE, « Diderot-l'Abbé », en 1722. Les enfants grandissent dans la piété, et un oncle chanoine pousse Denis vers la prêtrise, lui promettant l'héritage de sa charge et de sa maison. Ses parents le font entrer au collège des Jésuites de Langres où il réussit brillamment : « Un des moments les plus doux de ma vie, ce fut, il y a plus de trente ans et je m'en souviens comme d'hier, lorsque mon père me vît arriver du collège les bras chargés de prix que j'avais remportés et les épaules chargées de couronnes qu'on m'avait données et qui, trop larges pour mon front, avaient laissé passer ma tête. Du plus loin qu'il m'aperçut il laissa son ouvrage, il s'avança sur la porte et se mit à pleurer » (Diderot, *Lettre* à Sophie Volland, 18 octobre 1760). A treize ans, Diderot est tonsuré. « Monsieur l'abbé » — ainsi l'appelle-t-on — porte dès lors la soutane. Deux ans plus tard, son oncle chanoine meurt, et avec sa succession on pourrait croire la destinée de Diderot toute tracée.

Mais Diderot ne veut plus être chanoine : il tente de s'enfuir pour continuer ses études à Paris. Son père le retient, puis, après avoir réuni un conseil de famille, l'emmène lui-même à Paris au collège Louis le Grand, et le fait ensuite passer au collège d'Harcourt. Diderot y apprend la logique, la physique, la morale, les mathématiques, la métaphysique d'Aristote et des théologiens. Reçu maître ès arts de l'Université de Paris en 1732, Diderot est irrémédiablement déraciné : refusant de vivre à Langres, loin de l'air excitant de la capitale, il aspire à continuer ses études et à compléter ses connaissances. Comme il faut bien vivre, il tâte de la procédure chez un procureur, mais se dégoûte. Son père, lassé, finit par lui couper les vivres.

Alors débute une vie de bohême réduite aux expédients et à la misère, analogue à celle qu'il attribuera plus tard au Neveu de Rameau : « Il vit au jour la journée. Triste ou gai, selon les circonstances. Son premier soin, le matin, quand il est levé, est de savoir où il dînera; après dîner, il pense où il ira souper. La nuit amène aussi son inquiétude. Ou il regagne, à pied, un petit grenier qu'il habite, à moins que l'hôtesse, ennuyée d'attendre son loyer, ne lui en ait redemandé la clé, ou il se rabat dans une taverne du faubourg où il attend le jour, entre un morceau de pain et un pot de bière » (Le Neveu de Rameau, éd. Fabre, p. 5). Diderot mange comme il peut, écrit des sermons pour les prédicateurs à court d'inspiration, trouve des leçons de mathématiques, se place trois mois comme précepteur, et change de chambre meublée quand il n'a plus d'argent. Perdu dans la multitude du quartier latin, carrefour privilégié des idées et des hommes, il connaît la rue des quartiers populaires, les troubles comme ceux du cimetière de Saint-Médard, ainsi que la surveillance du commissaire et du curé. Cette insertion dans le monde réel — que n'ont pas connue les autres grands philosophes du siècle — développe en lui le sens du pittoresque et du réalisme, tout en nourrissant sa révolte intellectuelle.

Son existence fluctuante va être un peu stabilisée par le mariage (1743) avec une jolie lingère, ANTOINETTE CHAMPION. Mais les débuts du ménage ont été difficiles : parti quérir à Langres l'autorisation paternelle, Diderot s'est vu enfermé dans un couvent; il s'en est échappé pour revenir se marier clandestinement : « Ma chère amie, après avoir essuyé des tourments inouïs, me voilà libre [...]. Je me suis jeté par les fenêtres la nuit de dimanche à lundi. J'ai marché jusqu'à présent que je viens d'atteindre le coche de Troyes qui me transportera à Paris [...]. J'ai fait une route de trente lieues à pied par un temps détestable » (Lettre à Antoinette Champion, février 1743). L'année suivante, la naissance d'une fille, ANGÉLIQUE, accentue une gêne déjà pénible.

La nécessité de gagner de l'argent amène Diderot, qui connaît depuis 1743 Jean-Jacques Rousseau et le philosophe sensualiste Condillac, à traduire pour le libraire Briasson l'Histoire de la Grèce de l'Anglais Stanyan, puis le Dictionnaire de médecine de James. Il adapte en 1745 l'Essai sur le mérite et la vertu de Shaftesbury, son premier ouvrage original. Dès lors, Diderot va être un des plus brillants représentants d'une génération qui s'est initiée dans les *Lettres philosophiques* de Voltaire. « Les pages incisives du chef-d'œuvre prohibé (mais lu de tous) révèlent Newton avec Locke [...]. Comment ne préférerait-on pas à tant de faux prestiges la démarche des sciences ? La mathématique vient de mettre au point la méthode de calcul infinitésimal. La physique, grâce à l'école de Leyde et à l'abbé Nollet, décèle les manifestations d'une force insoupçonnée, l'électricité. Les sciences naturelles, sous l'impulsion de Linné, de Réaumur, de Buffon, paraissent à Diderot prometteuses de progrès plus décisifs encore » (René Pomeau, *Diderot*, p. 34).

À partir de 1746, la direction de l'*Encyclopédie* condamne Diderot à un travail écrasant, qu'il accepte avec enthousiasme, car il lui assure un minimum vital et lui permet de s'abandonner parfois à son débordement intellectuel. Il jette sur le papier son anti-Pascal, les *Pensées philosophiques*, composées entre le vendredi saint et le lundi de Pâques 1746 et condamnées aussitôt par le Parlement ; livre au public un roman, *les Bijoux indiscrets*, où la fiction orientale et une intrigue scabreuse dissimulent des réflexions originales ; rédige la *Suffisance de la religion naturelle*, qu'il n'ose pas avouer et qu'il fait paraître en 1749, sans nom d'auteur ; sa *Lettre sur les aveugles à l'usage de ceux qui voient*, essai où s'effondre, devant des yeux vides, toute une apologétique fondée sur les merveilles de la nature.

Cet ouvrage matérialiste et évolutionniste lui vaut, le 24 juillet 1749, une incarcération sans jugement dans un cachot du donjon de Vincennes. Le ministère, inquiet du mécontentement populaire que suscitent la fin de la guerre de Succession d'Autriche et l'alourdissement des impôts, a fait arrêter des jansénistes et des mauvais esprits. L'épreuve donne à Diderot la conscience de l'arbitraire et du despotisme. Il comprend que son élargissement, intervenu le 3 novembre 1749, n'est pas dû à une reconnaissance tardive de son droit à s'exprimer, mais à la pression exercée sur le pouvoir par ses libraires, qui ont investi dans l'*Encyclopédie* d'énormes capitaux.

De 1750 à 1765, l'histoire de Diderot paraît se confondre avec celle de l'*Encyclopédie* dont il est l'animateur. Pourtant il trouve le temps de répandre ses idées par des conversations intarissables. Il parle dans les cafés : le café de la Régence, le Procope. Il parle chez Mademoiselle de Lespinasse, qu'il mettra plaisamment en scène, dans *le Rêve de d'Alembert*. Il parle chez Madame d'Épinay, la maîtresse de Grimm dont la *Correspondance littéraire*, sorte de journal de la vie littéraire et artistique, envoyé par copies manuscrites à des abonnés, contribue à donner aux personnalités les plus influentes d'Europe le goût de lire et la volonté de défendre l'*Encyclopédie*. Il parle surtout au Grandval ou dans le salon de la rue Royale-Saint-Roch, chez le baron d'Holbach qui reçoit tous les penseurs libéraux du siècle; dans ce milieu très libre où l'on traite sans ménagements d'histoire, de théâtre, de philosophie, d'astronomie, de musique, d'agriculture, de morale, de politique ou de religion, triomphe un Diderot primesautier et profond, apte à manier les paradoxes, à proposer des problèmes et à les résoudre avec l'enthousiasme d'un improvisateur génial. Cet abandon à son cœur et à son intelligence constitue, pour Diderot, un dérivatif à sa tâche écrasante.

Il trouve encore le temps de travailler aux œuvres les plus diverses : sa *Lettre sur les sourds et les muets* (1751), ses *Pensées sur l'interprétation de la Nature* parues à la fin de l'année 1753, peu après le tome III de l'*Encyclopédie*. Il aborde passionnément le théâtre et y transpose le conflit qui l'avait opposé à son père lors de son mariage; c'est *le Fils naturel*, qui le brouille avec Jean-Jacques Rousseau : l'ombrageux Genevois a pris pour lui une phrase de ce drame moralisateur : « Il n'y a que le méchant qui soit seul. » Diderot donne ensuite *le Père de famille* (1758), puis des ouvrages de critique littéraire et artistique : *Entretiens entre Dorval et moi* et *De la poésie dramatique*.

La période 1758-1760 est une des plus douloureuses dans la vie de l'écrivain. Une violente campagne contre les philosophes est lancée par Moreau, Fréron et Palissot (voir *Chronologie de l'Encyclopédie*, p. 6-7). Le scandale politico-religieux occasionné par l'article *Genève* et la *Lettre à d'Alembert sur les spectacles* prend d'énormes proportions. *Le Fils naturel* est taxé de plagiat. Même le clan des Encyclopédistes se dissocie : Voltaire suspend sa collaboration, d'Alembert renonce à la codirection de l'œuvre. Au même moment la comédie-charge de Palissot, *les Philosophes*, connaît un très vif succès, sans que Diderot puisse lui répondre sinon en commençant secrètement son *Neveu de Rameau* — qui cloue au pilori la clique antiphilosophique, mais ne paraîtra qu'en 1821.

Bientôt la besogne encyclopédique reprend sans bruit. Diderot a trouvé une consolation dans sa liaison avec SOPHIE VOLLAND. Il lui adresse à partir de 1759 de longues lettres, chefs-d'œuvre de truculence, de sensibilité et de poésie, qui constituent un document admirable sur son milieu, ses occupations et même ses idées. L'achèvement du texte de l'*Encyclopédie* vaut à Diderot une grave blessure, la découverte (1764) des falsifications opérées par le libraire Le Breton. Désormais Diderot « se replie sur lui-même, ou s'enferme dans la confidence d'amis sûrs. Il écrit beaucoup et ses plus grands chefs-d'œuvre. Mais il publie peu, ne voulant plus donner prise à la persécution » (René Pomeau, *Diderot*, p. 78).

Sa maîtrise en critique d'art s'affirme par les comptes rendus des Salons qu'il donne à la *Correspondance littéraire* de Grimm, par l'*Essai sur la peinture* (1765) qui annonce certaines idées de

Delacroix et de Baudelaire, et par le *Paradoxe sur le comédien*. Son œuvre romanesque s'élargit; à *la Religieuse*, composée en 1760, succèdent : *le Neveu de Rameau*, sorte de dialogue dominé par la création artistique d'un personnage; trois nouvelles, *les Deux Amis de Bourbonne*, *Ceci n'est pas un conte*, *Sur l'inconséquence du jugement public de nos actions particulières*, et un roman coupé de nouvelles, *Jacques le fataliste*, rédigé en 1773. En philosophie, le matérialisme de Diderot se confirme dans *le Rêve de d'Alembert* (1769), les *Pensées philosophiques sur la matière et le mouvement* (1770), la *Réfutation suivie de l'ouvrage d'Helvétius intitulé « l'Homme »*, tandis que sa morale positive et naturelle s'exprime dans le *Supplément au voyage de Bougainville* (1773).

« Je pense chez moi le jour, la nuit, en société, dans les rues, à la promenade; ma besogne me poursuit. J'ai sur mon bureau un grand papier sur lequel je jette un mot de réclame de mes pensées, sans ordre, en tumulte, comme elles viennent. Lorsque ma tête est épuisée, je me repose; je donne le temps aux idées de repousser; c'est ce que j'ai appelé quelquefois ma recoupe » (*Entretiens entre Diderot et Catherine II*, cité par Tourneux, *Diderot et Catherine II*, I, p. 449). Cette vie intellectuelle ardente, ainsi évoquée par Diderot, est traversée par deux événements : le voyage en Russie et le mariage de sa fille. Catherine II, posant à la souveraine éclairée, avait proposé à Diderot en 1762 d'achever l'*Encyclopédie* en Russie. Trois ans plus tard, elle achète la bibliothèque du philosophe tout en lui en laissant la jouissance jusqu'à sa mort. Diderot sera ainsi en mesure de doter sa fille MARIE-ANGÉLIQUE qui, en 1772, épouse bourgeoisement CAROILLON DE VANDEUL, fils d'une famille de Langres. Diderot a beaucoup aimé cette fille, née en 1753 et seule survivante de ses enfants, qu'il a préparée intelligemment au mariage en discutant avec elle un ouvrage de physiologie sexuelle, — au grand scandale bien entendu de son frère l'abbé, dont Diderot a écrit un jour à Sophie Volland : « C'est un bon chrétien qui me prouve à tout moment qu'il vaudrait mieux être un bon homme et que ce qu'ils appellent la perfection évangélique n'est que l'art funeste d'étouffer la nature. »

Le philosophe souffre de voir sa fille quitter le foyer paternel : « Je n'ai plus d'enfant, soupire-t-il, je suis seul et ma solitude est insupportable. » La compagnie de sa femme n'est pas faite pour l'aider à soulager sa tristesse. Aussi Diderot cherche-t-il une diversion dans le voyage. Obligé de l'impératrice et soucieux de lui témoigner sa reconnaissance, il gagne Saint-Pétersbourg et s'y installe pour cinq mois. Au cours d'une soixantaine d'entretiens, il expose ses idées, presse Catherine II d'adopter un programme libéral de réformes sociales et politiques. Il revient à Paris après une étape à La Haye, enchanté par l'accueil de la « Sémiramis du Nord », mais sans illusion sur la sincérité de son despotisme éclairé.

Fatigué par ce voyage et par son intense activité, Diderot mène une vie de plus en plus calme. Mais il précise son matérialisme dans l'*Entretien d'un philosophe avec la maréchale de ***, et il confie au papier sa haine des tyrans : c'est l'*Essai sur les règnes de Claude et de Néron* (1778). Un philosophe au service d'un tyran, la situation de Sénèque n'est-elle pas analogue à la sienne? Ce problème le hante et il remanie profondément son *Essai* en 1782. Autour de lui, la mort creuse des vides parmi ses proches amis : Mademoiselle de Lespinasse, Madame Geoffrin, Voltaire et Rousseau (1778), d'Alembert et Madame d'Épinay (1783). Grimm et d'Holbach sont malades. De plus en plus affaibli, Diderot est emporté en 1784, quelques mois après son amie Sophie Volland, par une fluxion de poitrine et une attaque d'apoplexie.

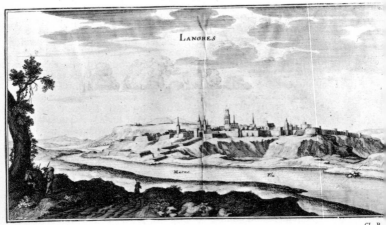

CL. B.

LES ENCYCLOPÉDISTES

Diderot a souvent insisté sur le caractère collectif de l'*Ency-clopédie*, œuvre d'une « société de gens de lettres et d'artistes épars, occupés chacun de sa partie et liés seulement par l'in-térêt général du genre humain et par un sentiment de bien-veillance réciproque » (article *Encyclopédie*). Mais cette société s'est élargie progressivement.

Les collaborateurs successifs **Les ébauches du travail** — Diderot et d'Alembert ont d'abord hérité de travaux rassemblés à l'instigation des premiers et éphémères directeurs de l'œuvre. John Mills avait sollicité le concours de technologues et de savants comme Réaumur, le botaniste Jussieu et d'Alembert. L'abbé de Gua de Malves avait engagé Diderot comme traducteur et, s'il faut en croire le témoignage de Condorcet, il aurait demandé leur aide à Mably et à Condillac. Aussi une partie de l'œuvre, « des lambeaux décousus jetés dans une confusion bien capable de rebuter quiconque aurait eu moins d'honnêteté ou moins de courage », se trouve-t-elle déjà rédigée. De plus, les libraires achètent à Formey, en 1747, le manuscrit d'un dictionnaire philosophique.

Le premier groupe de collaborateurs — De 1747 à 1751, Diderot se charge de coordonner la « description des arts » et de rédiger, comme éditeur, un très grand nombre d'articles. De son côté, d'Alembert rédige ou revoit les articles de mathé-matiques ou de physique. Tous deux recrutent, parmi leurs relations, une cinquantaine de collaborateurs, les uns jouissant d'une certaine notoriété comme le fermier général Dupin, le médecin Falconet, le naturaliste Daubenton, l'abbé Mallet, professeur de théologie à la Sorbonne, ou l'abbé de La Chapelle, éminent mathématicien ; les autres inconnus comme : les abbés de Prades, Pestré et Yvon ; un ingénieur militaire, Eidous ; un traducteur, Toussaint, et Jean-Jacques Rousseau. De plus, d'Alembert cite, dans son *Discours préliminaire*, de nombreux « ouvriers » qui ont participé à l'information technologique, comme : Barrat, « ouvrier en bas » ; Bonnet, Laurent, « ouvriers en soie » ; Fournier, « fondeur en caractères » ; Longchamp, « brasseur » ; Mallet, « potier d'étain ». Avec le tome II appa-raissent le baron d'Holbach, Buffon, cité en tête du volume et qui pourtant paraît n'avoir pas rédigé d'article, et le chevalier de Jaucourt.

La seconde vague — Le départ des abbés Pestré, Mallet, Yvon et de Prades, après la condamnation de la thèse soutenue par ce dernier (1752), est compensé par la venue de nouveaux auteurs qui jettent un vif éclat sur l'entreprise et dont les éditeurs énumèrent avec satisfaction les titres dans les avertissements des volumes successifs. Ce sont : Boucher d'Argis, avocat célèbre; Marmontel et Morellet, hommes de lettres; La Condamine, connu pour ses explorations; Duclos, historiographe de France; Voltaire, Montesquieu, Turgot, Quesnay, le président de Brosses et Saint-Lambert.

Les derniers auxiliaires — La crise de 1757-1759 entraîne des remous : d'Alembert, Morellet, Duclos, Marmontel, Turgot et Quesnay font défection. Diderot reste seul directeur de l'entreprise, très efficacement secondé par le chevalier de Jaucourt. Il accepte volontiers les bonnes volontés qui s'offrent : l'illustre médecin Tronchin, de jeunes écrivains, des pasteurs, un inspecteur des manufactures, Desmarets.

L'origine sociale des collaborateurs de l'« Encyclopédie » [1]   Si l'on examine les catégories professionnelles représentées parmi les collaborateurs de l'*Encyclopédie*, on constate d'abord l'absence de la noblesse de cour et d'épée, du haut clergé, de la police, classes liées, directement ou non, à la défense des privilèges. Les parlementaires et les avocats sont au nombre de seize, mais ils ont collaboré à l'*Encyclopédie* en tant qu'hommes de lettres ou comme savants, et non comme représentants d'une caste sociale.

A l'autre extrémité de la hiérarchie, on relève l'absence complète des paysans, supplantés par les savants dans les articles qui concernent l'agriculture. Si quelques artisans, à défaut d'ouvriers, ont travaillé pour l'*Encyclopédie*, « le collectif rassemblé par Diderot ne compte aucun négociant, contrairement à une opinion couramment admise, selon laquelle l'*Encyclopédie* aurait incarné en particulier l'idéal de la grande bourgeoisie commerçante (Jacques Proust, ouvr. cit., p. 26).

Mieux partagé apparaît le personnel de la fonction publique : on relève dix-huit directeurs, inspecteurs, ingénieurs ou administrateurs civils, auxquels il faut ajouter dix militaires, des techniciens pour la plupart, et neuf membres de l'administration des finances. Ces fonctionnaires, aisés et compétents, sont en relations très suivies avec Diderot. Enfin les professions libérales sont les plus représentées sur la liste des auteurs, avec quatre-vingt collaborateurs, soit près des deux tiers de ceux qui sont

---

1. D'après Jacques Proust, *Diderot et l'Encyclopédie*, p. 15-38.

cités dans les Avertissements. Parmi eux on compte une vingtaine de médecins, une quinzaine d'artistes, et vingt-six hommes de lettres, dont dix enseignants.

Cette répartition conduit à remarquer que la grande majorité des collaborateurs de l'*Encyclopédie* est issue de la bourgeoisie d'ancien régime, ou plutôt d'une fraction de la bourgeoisie possédante, vivant de ses revenus fonciers ou de son activité professionnelle. Cette fraction pèse d'un poids considérable dans les secteurs décisifs de l'activité de la nation, ceux où s'élabore peu à peu un nouvel ordre économique et social, et tient solidement en main la partie de l'appareil d'État où sa compétence l'a placée.

Le rôle de Diderot   Quand, en 1746, le libraire Le Breton fait appel à lui pour adapter la *Cyclopædia* de Chambers, Diderot a trente-trois ans. Quand paraît le dernier volume de planches, en 1772, Diderot, âgé de cinquante-neuf ans, n'a plus que douze années à vivre. Il a donc consacré la meilleure partie de son existence à la publication de l'*Encyclopédie*.

Responsable de tout ce qui n'est pas purement scientifique, Diderot doit effectuer des recherches qui font de lui un homme universel, et il rédige des articles sur des sujets les plus variés : les belles-lettres, l'histoire, la géographie, la chimie, la métallurgie, la physiologie, l'économie, la politique, la philosophie, la morale et la théologie. Un relevé des articles dus à sa plume montre la multiplicité des questions traitées : rien qu'à la lettre A, l'attribution à Diderot de 139 articles ne fait aucun doute, qu'ils portent l'astérisque, marque distinctive de Diderot, ou que la responsabilité lui en revienne dans un endroit quelconque de l'œuvre. Cette variété apparaît également dans l'énumération d'articles importants : *Académicien, Accoucheuse, Acier, Admiration, Afrique, Agnus Scythicus, Agriculture, Aigle, Aïus locutius, Aliments, Ame, Apis, Aqueduc, Arabes, Argent, Art, Autorité politique, Beau, Bible, Bibliothèques, Bonheur, Boucher, Boulanger, Bramines, Cadavre, Cagots, Canon, Capuchon, Casuiste, Caucase, Ceinture, Célibat...*

A ce travail de recherche et de rédaction s'ajoute une épuisante besogne matérielle. Chargé de diriger l'œuvre, Diderot doit en dresser le plan, fixer les méthodes, recruter des collaborateurs, réclamer et réviser les manuscrits, et tout cela sans secrétariat, sans aide, sans locaux appropriés. La « description des arts » s'avère d'une grande difficulté, comme Diderot l'avoue lui-même.

Je me souviens qu'un artiste, à qui je croyais avoir exposé assez exactement ce qu'il avait à faire pour son art, m'apporta, d'après mon discours, à ce qu'il prétendait, sur la manière de tapisser

CL. GIRAUDON

Portrait de d'Alembert
par Quentin-Latour

en papier, qui demandait à peu près un feuillet d'écriture et une demi-planche de dessin, dix à douze planches énormément chargées de figures, et trois cahiers épais, in-folio, d'un caractère fort menu, à fournir un ou deux volumes [...].

Un autre, au contraire, à qui j'avais prescrit exactement les mêmes règles qu'au premier, m'apporta, sur une des manufactures les plus étendues par la diversité des ouvrages qu'on y fabrique, des matières qu'on y emploie, des machines dont on se sert et des manœuvres qu'on y pratique, un petit catalogue de mots sans définition, sans explication, sans figures, m'assurant bien fermement que son art ne contenait rien de plus : il supposait que le reste, ou n'était point ignoré, ou ne pouvait s'écrire (Œuvres complètes, *t. XIV, p. 454*).

Diderot doit donc éviter les défauts de proportion, simplifier, clarifier, effectuer dans les ateliers des visites de contrôle, et continuer à solliciter ses collaborateurs : *Je serai quitte de mon ouvrage avant Pâques ou je serai mort. Vous en croirez tout ce qu'il vous plaira, mais cela sera. Ce qui me prend un temps infini, ce sont les lettres que je suis forcé d'écrire à mes paresseux de collègues pour les accélérer. Ces ânes ont la peau si dure, que j'ai beau les piquer des deux, ils n'en vont pas plus vite, mais sans l'attention de leur tenir sans cesse l'éperon dans le flanc, ils s'arrêteraient tout court* (Lettre à Sophie Volland du 25 novembre 1760).

INDEX DES AUTEURS CITÉS
DANS NOS EXTRAITS DE L'ENCYCLOPÉDIE

d'Alembert (1717-1783). Fils naturel d'une noble chanoinesse, Mademoiselle DE TENCIN, et du chevalier DESTOUCHES qui lui fit faire de très brillantes études, JEAN LE ROND, dit d'Alembert, accède dès l'âge de vingt-quatre ans à l'Académie des sciences. Sa réputation est déjà établie par des travaux d'algèbre, d'astronomie et de mécanique. A cette renommée de savant et à son titre d'académicien, d'Alembert joint de brillantes relations mondaines, garanties importantes pour une entreprise dont le succès dépend de l'opinion publique. Animateur de l'*Encyclopédie* à ses débuts, d'Alembert se charge de présenter l'ouvrage par un *Discours préliminaire* où se remarquent une profonde culture, une ironie mordante et un esprit scientifique fondé sur une rigoureuse méthode. Il rédige ou revoit les articles de mathématiques et de physique, et rédige dans d'autres domaines des articles importants. Après les remous provoqués par son article *Genève*, en 1757, et l'interdiction de l'*Encyclopédie* en 1759, d'Alembert, peu héroïque de caractère, abandonne la codirection de l'œuvre, mais continue à lui fournir des articles de mathématiques.

Principaux articles : *Attraction, Collège, Corruption, Décimal, École (philosophie de l'), Expérimental, Fortune, Genève, Situation.*

Bouchu (né en 1714). Fils d'un avocat langrois et riche maître de forges comme Buffon, auteur de l'article *Forges.*

de Cahuzac (1706-1759). Ce parlementaire issu de la noblesse, auteur de tragédies et de comédies, célèbre librettiste d'opéra, membre de l'Académie de Berlin et censeur royal à Paris, rédige un assez grand nombre d'articles sur l'art, la littérature, les ballets, la danse et l'opéra, notamment *Enthousiasme.*

Damilaville (1723-1768). Premier commis au bureau du Vingtième (contribution égale à la vingtième partie du revenu), Damilaville expédiait son courrier et celui de ses amis en franchise, sous le cachet du contrôle des Finances. C'est par lui que passent bien des lettres de Diderot, des Encyclopédistes et de Voltaire, qui transmettait et recevait par cette voie la majeure partie de sa correspondance. Auteur des articles *Paix* et *Population,* Damilaville rédige avec Diderot l'article *Vingtième.*

Diderot (1713-1784). Voir p. 11.

Dumarsais (1676-1756). Considéré par d'Alembert comme un profond philosophe, ce professeur dirige jusqu'à sa mort la partie grammaticale de l'*Encyclopédie.* Il s'intéresse aussi à la pédagogie (*Éducation*) et l'on doit lui restituer le célèbre article *Philosophe,* longtemps attribué à Diderot (cf. H. Dieckmann, « *Le Philosophe* », *texts and interpretation*).

Formey (1711-1797). Protestant français né à Berlin, plus tard pasteur, puis historiographe de Frédéric II et président de l'Académie royale de Prusse, Formey avait ébauché un dictionnaire philosophique en 1742. Les libraires associés lui achètent ses manuscrits préparatoires en 1747, et Diderot les utilise dans quatre-vingt-un articles dont certains sont entièrement de Formey, notamment *Athéisme, Création, Dieu, Trinité.*

d'Holbach (1723-1789). Baron et riche propriétaire terrien, d'Holbach a mis son honneur et sa fortune au service des écrivains contemporains dans le combat pour les idées matérialistes. Soucieux de contribuer à la diffusion des recherches théoriques et à l'essor pratique des techniques, il rédige plus de quatre cents articles pour l'*Encyclopédie,* notamment sur la métallurgie, la minéralogie et la géologie. Adversaire du despotisme éclairé et libre-penseur, d'Holbach écrit aussi les articles *Prêtres, Représentants* et *Théocratie.*

Jaucourt (1704-1779). Né à Paris, le chevalier de Jaucourt a étudié en Suisse la théologie, en Angleterre les mathématiques, et en Hollande la médecine. Aussi instruit des littératures anciennes ou modernes que de la grammaire, de la politique, de l'histoire, des arts et de la philosophie, il commence dès le tome II à décharger Diderot du soin de rédiger, dans toutes les matières, les articles manquants. Son information universelle et son dévouement indéfectible à l'œuvre (Jaucourt s'est ruiné pour payer ses secrétaires) en font un remarquable rédacteur en chef, qui a écrit environ 17 000 articles sur 60 660 que contiennent les dix-sept volumes de l'*Encyclopédie*. Diderot lui rend un vibrant hommage dans l'Avertissement du tome VIII :

Si nous avons poussé le cri de joie du matelot après une nuit obscure qui l'a égaré entre le ciel et les eaux, c'est à M. le chevalier de Jaucourt que nous le devons [...]. Jamais le sacrifice du repos, de l'intérêt et de la santé ne s'est fait plus entier et plus absolu [...]. C'est à chaque feuille de cet ouvrage à suppléer ce qui manque à notre éloge : il n'en est aucune qui n'atteste et la variété de ses connaissances et l'étendue de ses secours.

Principaux articles : *Cruauté, Guerre, Hérétiques, Impôt, Inquisition, Mélancolie religieuse, Monarchie, Patrie, Peuple, Philosophique (Esprit), Presse, Représailles, Roman, Rouge, Stratford, Ville, Zzuéné.*

Le Roy (1723-1789). Lieutenant des chasses à Versailles, ami d'Helvétius, auteur de *Lettres philosophiques sur la perfectibilité et l'intelligence des animaux*, il rédige les articles *Fermier, Forêt, Garenne* et *Instinct.*

Louis (1723-1792). Avocat et chirurgien célèbre, il collabore à la partie chirurgicale et à la pathologie. A son instigation de nombreuses planches de l'*Encyclopédie* représentent des instruments de chirurgie et les principales phases de certaines opérations difficiles.

Marmontel (1723-1799). Après avoir écrit quelques tragédies sans grand succès, Marmontel devient secrétaire des bâtiments royaux, puis directeur du *Mercure de France*. Embastillé en 1760, il acquiert la notoriété européenne avec un roman philosophique, *Bélisaire*. Ce brillant homme de lettres rédige, pour l'*Encyclopédie*, des articles de critique littéraire et de morale, comme *Corruption, Critique, Épopée, Gloire.*

Pestré (abbé). Ami des abbés Yvon et de Prades, cet ecclésiastique a écrit plusieurs grands articles philosophiques des premiers volumes : *Bacon, Bonheur, Cartésianisme.*

Quesnay (1694-1774). Apprenti-graveur, barbier-chirurgien de campagne, commissaire des guerres, Quesnay a essayé bien des métiers avant d'obtenir la charge de premier médecin ordinaire du roi. Dans son appartement de Versailles, où il reçoit souvent Diderot, Turgot et Mirabeau, il élabore la doctrine des physiocrates et écrit les articles *Fermiers* et *Grains.*

Rousseau (1712-1778). Lié d'amitié avec Diderot, Jean-Jacques Rousseau se charge avec ardeur de la partie musicale de l'*Encyclopédie*. Il rédige également le très important article *Économie politique*. Il rompt avec les Encyclopédistes à propos de l'article *Genève* (dû à d'Alembert).

Saint-Lambert (1716-1803). Mondain et séduisant — il a été lié avec Madame du Châtelet et Madame d'Houdetot —, le marquis de Saint-Lambert est considéré par ses contemporains comme un des grands poètes de son siècle. Un érudit américain, H. Dieckmann, a démontré en 1951, après avoir étudié la *Correspondance littéraire* de Grimm, les avertissements des volumes de l'*Encyclopédie* et les *Œuvres complètes* de Saint-Lambert, que plusieurs articles célèbres de morale, de politique et d'économie, attribués jusqu'alors à Diderot, devaient être rendus à Saint-Lambert. Il en est ainsi des articles *Fantaisie*, *Fragilité*, *Génie*, *Législateur*, *Luxe*.

Tronchin (1709-1781). La contribution de cet illustre praticien suisse, médecin et ami de Voltaire, se limite à un article unique, mais capital, *Inoculation*. Il y jette tout le poids de son autorité scientifique en faveur de la vaccination.

Turgot (1727-1781). Maître des requêtes au Parlement de Paris, Turgot collabore jusqu'en 1757 à l'*Encyclopédie*, où il donne l'article *Étymologie*, et il contribue à diffuser les théories physiocratiques dans divers articles d'économie. Ministre des finances en 1774, Turgot entreprendra de vastes réformes inspirées du programme des physiocrates et des philosophes.

Voltaire (1694-1778). Tenu au début à l'écart de l'*Encyclopédie*, car on redoute sa hardiesse, Voltaire fournit en 1754 quelques articles littéraires : *Éloquence*, *Esprit*. Plus tard, on lui accorde : *Français*, *Gazette*, *Gens de lettres* et *Histoire ;* mais il doit partager la responsabilité de l'article *Goût* avec Montesquieu. Après avoir séduit d'Alembert par son esprit bouillonnant et lui avoir suggéré l'article *Genève*, Voltaire fait rédiger pour lui, par un pasteur de Lausanne, Polier de Bottens, les articles *Liturgie*, *Magie* et *Messie*, qu'il inspire fortement. Quand l'*Encyclopédie* est interdite, Voltaire conseille en vain, à plusieurs reprises, de continuer l'œuvre à Berlin, à Clèves ou en Russie. S'il cesse alors sa collaboration, Voltaire continue, par solidarité philosophique, à défendre l'ouvrage : il multiplie les pamphlets et y présente Diderot — « frère Platon » — comme un bienfaiteur de l'humanité. On peut penser, avec Pierre Grosclaude (*Un audacieux message*, *l'Encyclopédie*, p. 127), que Voltaire n'a pas réellement ambitionné d'être le chef des Encyclopédistes : « Il lui était plus profitable d'être révéré par eux comme un maître et de demeurer, en somme, d'assez loin d'ailleurs, le président d'honneur de leur association. Mais il a tiré un grand profit de sa collaboration à l'*Encyclopédie* puisqu'elle est à l'origine du *Dictionnaire philosophique* et de ses annexes. »

Yvon (1714-1791). Cet abbé s'est chargé de nombreux articles concernant la morale, la métaphysique et l'histoire de la philosophie : *Ame, Aristotélisme, Athée, Athéisme.* Après la condamnation de son ami, l'abbé de Prades, il s'enfuit à Berlin. « Il y a de fortes présomptions pour que l'abbé Yvon soit responsable de maint article anonyme de philosophie dans les volumes III à XVII » (Jacques Proust, ouvr. cité, p. 157). L'esprit de la contribution fournie par l'abbé Yvon peut se résumer par le titre d'un de ses livres, l'*Accord de la philosophie avec la religion.*

La diffusion de l'Encyclopédie

Malgré son prix élevé, l'*Encyclopédie* eut d'innombrables lecteurs, et tout d'abord ses 4 300 souscripteurs, pour la plupart des ecclésiastiques, des magistrats, des avocats, des intendants, des médecins, des apothicaires et de très nombreux fonctionnaires. Une enquête effectuée par Daniel Mornet sur les catalogues de 500 bibliothèques du xviiie siècle, signale 82 fois la présence de l'*Encyclopédie.* De son côté, la noblesse s'est intéressée aux curiosités que lui dévoilait l'*Encyclopédie.* Voltaire rapporte, dans une brochure de circonstance (*De l'Encyclopédie*), une anecdote sans doute inventée, mais significative. Le roi Louis XV soupe à Trianon. On parle de chasse, de poudre, de fard et de bas de soie. Chacun avoue son ignorance, et l'on regrette que l'*Encyclopédie* ait été confisquée. Le roi envoie trois valets de pied chercher les vingt et un volumes in-folio. La marquise de Pompadour trouve la réponse à toutes ses questions sur la nature du rouge, et le métier à tisser les bas; les seigneurs y découvrent la solution de leurs procès et l'art de pointer les canons; le roi y lit tous les droits de sa couronne et décide de lever l'interdiction de l'ouvrage... La noblesse de province ne dédaigne pas l'*Encyclopédie :* on en lit à haute voix des articles, le soir, chez un pieux gentilhomme angevin, M. de La Lorée. Cet intérêt général suscite de nombreuses rééditions ou contrefaçons à Genève, à Lucques, à Livourne, à Lausanne, à Yverdun, à Paris même, sans compter des traductions en anglais et en russe.

La presse du temps a largement contribué à ce succès. Les éditeurs de l'*Encyclopédie*, conscients de la publicité efficace permise par les journaux, usent de ce moyen pour intéresser le public. Diderot publie par anticipation l'article *Art*; Daubenton insère l'article *Abeille* dans *le Mercure*; le *Journal encyclopédique* diffuse le contenu de l'œuvre par de fréquents extraits; la *Correspondance littéraire* de Grimm fournit, de quinzaine en quinzaine, toutes les informations relatives au *Dictionnaire*, présente les nouveaux collaborateurs, annonce les articles les plus importants. Ainsi de nombreux lecteurs qui ne peuvent acheter l'*Encyclopédie* en connaissent l'esprit et des fragments.

Les adversaires des philosophes lisent dans les journaux des Jésuites, les *Mémoires de Trévoux* et l'*Année littéraire*, ou dans les périodiques jansénistes, *les Nouvelles ecclésiastiques* et *le Censeur hebdomadaire*, l'analyse des articles controversés, appuyée sur des citations qui font connaître les morceaux les plus hardis du Dictionnaire. « A la limite, on pourrait risquer ce paradoxe que les adversaires de l'*Encyclopédie*, aveuglés par leur zèle, l'ont finalement chargée de plus de poudre que ne voulaient y mettre les éditeurs eux-mêmes » (Jacques Proust, l'*Encyclopédie*, p. 185).

BIBLIOGRAPHIE

Raymond Naves, *Voltaire et l'Encyclopédie*, Paris, 1938.
Pierre Grosclaude, *Un audacieux message, l'Encyclopédie*, Paris, 1951.
Jacques Proust, *Diderot et l'Encyclopédie*, Paris, 1962.
Jacques Proust, *l'Encyclopédie*, Paris, 1965.
Ernest Cassirer, *la Philosophie des lumières*, traduction, Paris, 1966.
Jacques Roger, *les Sciences de la vie dans la pensée française du XVIIIᵉ siècle*, Paris, 1963.
Robert Mauzi, *l'Idée du bonheur au XVIIIᵉ siècle*, Paris, 1965.
Jacques Proust, *Questions sur l'Encyclopédie* (Revue d'histoire littéraire, 1972).
Albert Soboul, *Textes choisis de l'Encyclopédie*, Paris, 1962.
Alain Pons, *Encyclopédie, Les articles les plus significatifs* [...] *choisis et présentés*, Paris, 1963.
Revue d'histoire littéraire, numéros spéciaux, 1951 et 1972.
Revue de synthèse, numéro spécial, janvier-juin 1951.
Annales de l'Université de Paris, numéro spécial, octobre 1952.

ENCYCLOPÉDIE,

OU

DICTIONNAIRE RAISONNÉ

DES SCIENCES,

DES ARTS ET DES MÉTIERS;

RECUEILLI

DES MEILLEURS AUTEURS

ET PARTICULIEREMENT

DES DICTIONNAIRES ANGLOIS

DE CHAMBERS, D'HARRIS, DE DYCHE, &c.

PAR UNE SOCIÉTÉ DE GENS DE LETTRES.

Mis en ordre & publié par M. *DIDEROT;* & quant à la PARTIE MATHÉMATIQUE, par M. *D'ALEMBERT*, de l'Académie Royale des Sciences de Paris & de l'Académie Royale de Berlin.

Tantum series juncturaque pollet,
Tantum de medio sumptis accedit honoris! HORAT.

DIX VOLUMES IN-FOLIO,

DONT DEUX DE PLANCHES EN TAILLE-DOUCE,

PROPOSÉS PAR SOUSCRIPTION.

A PARIS, Chez
BRIASSON, *rue Saint Jacques, à la Science.*
DAVID l'aîné, *rue Saint Jacques, à la Plume d'or.*
LE BRETON, Imprimeur ordinaire du Roy, *rue de la Harpe.*
DURAND, *rue Saint Jacques, à Saint Landry, & au Griffon.*

M. DCC. LI.
AVEC APPROBATION ET PRIVILEGE DU ROY.

DISCOURS PRÉLIMINAIRE DES ÉDITEURS

L'*Encyclopédie* que nous présentons au public, est, comme son titre l'annonce, l'ouvrage d'une société de gens de lettres. Nous croirions pouvoir assurer, si nous n'étions pas du nombre, qu'ils sont tous avantageusement connus
5 ou dignes de l'être. Mais sans vouloir prévenir un jugement qu'il n'appartient qu'aux savants de porter, il est au moins de notre devoir d'écarter avant toutes choses l'objection la plus capable de nuire au succès d'une si grande entreprise. Nous déclarons donc que nous n'avons point eu la
10 témérité de nous charger seuls d'un poids si supérieur à nos forces, et que notre fonction d'éditeurs consiste principalement à mettre en ordre des matériaux dont la partie la plus considérable nous a été entièrement fournie.

L'ouvrage que nous commençons (et que nous désirons
15 de finir) a deux objets : comme *Encyclopédie*, il doit exposer autant qu'il est possible, l'ordre et l'enchaînement des connaissances humaines; comme *Dictionnaire raisonné des sciences, des arts et des métiers*, il doit contenir sur chaque science et sur chaque art, soit libéral, soit méca-
20 nique, des principes généraux qui en sont la base, et les détails les plus essentiels qui en font le corps et la substance. Ces deux points de vue, d'*Encyclopédie* et de *Dictionnaire raisonné*, formeront donc le plan et la division de notre Discours préliminaire.

1. *Dans la première partie de son* Discours, *d'Alembert examine « la généalogie et la filiation de nos connaissances, les causes qui les ont fait naître et les caractères qui les distinguent ». Reprenant la doctrine de Locke*[1], *il affirme que « c'est à nos sensations que nous devons toutes nos idées ». Après avoir souligné l'importance de la société, il explique :*

25 que les notions purement intellectuelles du vice et de la vertu, le principe et la nécessité des lois, la spiritualité de

---

1. John *Locke* (1632-1704), philosophe anglais, niait l'existence d'axiomes distincts de l'expérience. Cet empirisme donnera naissance au sensualisme de Condillac, d'après lequel toute connaissance vient des sensations.

l'âme, l'existence de Dieu et nos devoirs envers lui, en un mot les vérités dont nous avons le besoin le plus prompt et le plus indispensable, sont le fruit des premières idées réfléchies que nos sensations occasionnent.

30

Puis viennent « la Géométrie, née de nos réflexions spontanées sur le caractère impénétrable des corps, la Mécanique, très simple et qui nous permet d'atteindre la certitude, l'Astronomie, la Physique, ou étude de la nature, dont l'Agriculture et la Médecine, qui l'ont principalement fait naître, ne [...] sont plus aujourd'hui que des branches ».

Parallèlement, les hommes développent les moyens « d'acquérir des connaissances » et « de se communiquer réciproquement leurs propres pensées ». D'où la logique, aidée de la grammaire et de l'éloquence. La curiosité suscite l'histoire, la chronologie et la géographie, puis la politique qui étudie « comment les différentes sociétés ont donné naissance aux différentes espèces de gouvernements » et pénètre « dans les ressorts principaux des états[1] ». L'imitation de la nature engendre les beaux-arts : peinture, sculpture, poésie, musique.

Toutes ces sciences et tous ces arts dépendent de trois facultés : « la mémoire, la raison proprement dite et l'imagination ».

2. *La seconde partie du* Discours *trace une histoire de nos connaissances à partir de la Renaissance.*

Quand on considère les progrès de l'esprit depuis cette époque mémorable, on trouve que ces progrès se sont faits dans l'ordre qu'ils devaient naturellement suivre. On a commencé par l'érudition, continué par les belles-lettres, et fini par la philosophie[2].

35

Après avoir étudié les lettres, les arts et la pensée de la Renaissance et du XVIIe siècle, d'Alembert définit le rôle de la philosophie au XVIIIe siècle :

---

1. Nous respectons l'orthographe originale. — 2. Cette conception sera reprise par Buffon (*Époques de la nature,* VIIe Époque) et par Condorcet (*Esquisse d'un tableau historique des progrès de l'esprit humain,* IXe Époque).

La philosophie, qui forme le goût dominant de notre
siècle, semble, par les progrès qu'elle fait parmi nous,
vouloir réparer le temps qu'elle a perdu, et se venger de
l'espèce de mépris que lui avaient marqué nos pères. [...].

40 Cet esprit philosophique, si à la mode aujourd'hui, qui
veut tout voir et ne rien supposer, s'est répandu jusque
dans les belles-lettres; on prétend même qu'il est nuisible
à leur progrès, et il est difficile de se le dissimuler. Notre
siècle, porté à la combinaison et à l'analyse, semble vouloir

45 introduire les discussions froides et didactiques dans les
choses de sentiment. Ce n'est pas que les passions et le goût
n'aient une logique qui leur appartient; mais cette logique
a des principes tout différents de ceux de la logique ordinaire : ce sont ces principes qu'il faut démêler en nous et

50 c'est, il faut l'avouer, de quoi une philosophie commune
est peu capable. Livrée tout entière à l'examen des percep-
tions tranquilles de l'âme, il lui est bien plus facile d'en
démêler les nuances que celles de nos passions, ou en
général des sentiments vifs qui nous affectent. Et comment

55 cette espèce de sentiments ne serait-elle pas difficile à
analyser avec justesse? Si, d'un côté, il faut se livrer à eux
pour les connaître, de l'autre, le temps où l'âme en est
affectée est celui où elle peut les étudier le moins. Il faut
pourtant convenir que cet esprit de discussion a contribué

60 à affranchir notre littérature de l'admiration aveugle des
anciens; il nous a appris à n'estimer en eux que les beautés
que nous serions contraints d'admirer dans les modernes.
Mais c'est peut-être aussi à la même source que nous
devons je ne sais quelle métaphysique du cœur[1], qui

65 s'est emparée de nos théâtres; s'il ne fallait pas l'en bannir
entièrement, encore moins fallait-il l'y laisser régner.
Cette anatomie de l'âme s'est glissée jusque dans nos
conversations; on y disserte, on n'y parle plus; et nos
sociétés ont perdu leurs principaux agréments, la chaleur

70 et la gaieté [...].

Mais le XVIIIe siècle compte des écrivains illustres.

---

1. D'Alembert reprend un reproche de Voltaire (Lettre à Moncrif, 1733) qui condamne, dans les comédies de Marivaux, la minutie excessive de l'analyse psychologique et le manque de naturel dans le style.

L'un de ces hommes [1], le même à qui nous devons la
Henriade [2], sûr d'obtenir parmi le très petit nombre de
grands poètes une place distinguée et qui n'est qu'à lui,
possède en même temps au plus haut degré un talent que
n'a eu presque aucun poète, même dans un degré médiocre,
celui d'écrire en prose. Personne n'a mieux connu l'art si
rare de rendre sans effort chaque idée par le terme qui lui
est propre, d'embellir tout sans se méprendre sur le
coloris propre à chaque chose; enfin, ce qui caractérise
plus qu'on ne pense les grands écrivains, de n'être jamais
ni au-dessus, ni au-dessous de son sujet. Son *Essai sur le
siècle de Louis XIV* [3] est un morceau d'autant plus précieux, que l'auteur n'avait en ce genre aucun modèle, ni
parmi les anciens, ni parmi nous. Son *Histoire de Charles
XII* [4], par la rapidité et la noblesse du style, est digne du
héros qu'il avait à peindre; ses pièces fugitives, supé-
rieures à toutes celles que nous estimons le plus, suffiraient par leur nombre et par leur mérite pour immor-
taliser plusieurs écrivains. Que ne puis-je en parcourant ici
ses nombreux et admirables ouvrages, payer à ce génie
rare le tribut d'éloges qu'il mérite, qu'il a reçu tant de fois
de ses compatriotes, des étrangers, et de ses ennemis, et
auquel la postérité mettra le comble quand il ne pourra plus
en jouir!

Ce ne sont pas là nos seules richesses. Un écrivain judi-
cieux [5], aussi bon citoyen que grand philosophe, nous a
donné sur les principes des lois un ouvrage [6] décrié par quelques Français, applaudi par la nation et admiré de toute
l'Europe; ouvrage qui sera un monument immortel du
génie et de la vertu de son auteur, et des progrès de la raison
dans un siècle dont le milieu sera une époque mémorable
dans l'histoire de la philosophie.

3. *La troisième partie du* Discours *reproduit partielle-
ment le* Prospectus *de Diderot et constitue une présen-
tation de l'*Encyclopédie.

---

1. Voltaire. — 2. Publiée en 1723. — 3. 1751. — 4. 1731.— 5. Montesquieu. — 6. *L'Esprit
des lois* (1748).

On ne peut disconvenir que depuis le renouvellement des Lettres parmi nous, on ne doive en partie aux Dictionnaires les
105 *lumières générales qui se sont répandues dans la société, et ce germe de Science qui dispose insensiblement les esprits à des connaissances plus profondes*[1]. L'utilité sensible de ces sortes d'ouvrages les a rendus si communs, que nous sommes plutôt aujourd'hui dans le cas de les justifier que
110 d'en faire l'éloge [...].

Nous avons [...] cru qu'il importait d'avoir un Diction-naire qu'on pût consulter sur toutes les matières des arts, et des sciences, *et qui servît autant à guider à ceux qui se sentiraient le courage de travailler à l'instruction des autres,*
115 *qu'à éclairer ceux qui ne s'instruisent que pour eux-mêmes.*

[*D'Alembert insiste sur l'excellence de l'*Encyclopédie, *puis explique comment le travail a été réparti entre les différents collaborateurs.*]

Chacun n'ayant été occupé que de ce qu'il entendait, a été en état de juger sainement de ce qu'en ont écrit les anciens et les modernes, et d'ajouter, aux secours qu'il en a tirés, des connaissances puisées dans son propre fonds.

[*Une originalité de l'œuvre se trouve dans la place attribuée aux arts mécaniques :*]

120 *La partie des Arts mécaniques ne demandait ni moins de détails ni moins de soins. Jamais peut-être il ne s'est trouvé tant de difficultés rassemblées, et si peu de secours dans les livres pour les vaincre. On a trop écrit sur les Sciences : on n'a pas assez écrit sur la plupart des Arts libéraux ; on*
125 *n'a presque rien écrit sur les Arts mécaniques*[2] ; car qu'est-ce que le peu qu'on en rencontre dans les auteurs, en compa-raison de l'étendue et de la fécondité du sujet? Entre ceux qui en ont traité, l'un n'était pas assez instruit de ce qu'il avait à dire, et a moins rempli son objet que montré la néces-
130 sité d'un meilleur ouvrage. Un autre n'a qu'effleuré la matière, en la traitant plutôt en grammairien et en homme de lettres qu'en artiste. Un troisième est, à la vérité, plus

---

1. Les passages en italique, non entre crochets, sont l'œuvre de Diderot. — 2. Les métiers.

riche et plus ouvrier : mais il est en même temps si court,
que les opérations des artistes et la description de leurs
135 machines, cette matière capable de fournir seule des ouvrages considérables, n'occupe que la très petite partie du
sien. Chambers [1] n'a presque rien ajouté à ce qu'il a traduit
de nos auteurs. *Tout nous déterminait donc à recourir aux*
ouvriers.
140 *On s'est adressé aux plus habiles de Paris et du royaume ;*
on s'est donné la peine d'aller dans leurs ateliers, de les inter-
roger, d'écrire sous leur dictée, de développer leurs pensées,
d'en tirer les termes propres à leurs professions, d'en dresser
des tables, de les définir, de converser avec ceux de qui on
145 *avait obtenu des mémoires, et (précaution presque indispen-*
sable) de rectifier dans de longs et fréquents entretiens avec
les uns, ce que d'autres avaient imparfaitement, obscurément,
et quelquefois infidèlement expliqué [...].
Voici la méthode qu'on a suivie pour chaque art. On a
150 traité :
1º De la matière, des lieux où elle se trouve, de la
manière dont on la prépare, de ses bonnes et mauvaises
qualités, de ses différentes espèces, des opérations par lesquelles on la fait passer, soit avant que de l'employer, soit
155 en la mettant en œuvre;
2º Des principaux ouvrages qu'on en fait, et de la
manière de les faire;
3º On a donné le nom, la description, et la figure des
outils et des machines, par pièces détachées et par pièces
160 assemblées; la coupe des moules et d'autres instruments,
dont il est à propos de connaître l'intérieur, leurs profils,
etc.;
4º On a expliqué et représenté la main-d'œuvre et les
principales opérations dans une ou plusieurs planches, où
165 l'on voit tantôt les mains seules de l'artiste, tantôt l'artiste
entier en action, et travaillant à l'ouvrage le plus important
de son art;
5º On a recueilli et défini le plus exactement qu'il a été
possible les termes propres de l'art.
170 *Mais le peu d'habitude qu'on a et d'écrire et de lire des*
écrits sur les arts, rend les choses difficiles à expliquer d'une
manière intelligible. De là naît le besoin de figures. On pour-

---

1. Voir p. 3.

175 *rait démontrer par mille exemples qu'un dictionnaire pur et
simple de définitions, quelque bien qu'il soit fait, ne peut se
passer de figures, sans tomber dans des descriptions obscures
ou vagues ; combien donc à plus forte raison ce secours ne
nous était-il pas nécessaire ? Un coup d'œil sur l'objet ou sur
sa représentation en dit plus qu'une page de discours.*

180 On a envoyé des dessinateurs dans les ateliers. On a pris
l'esquisse des machines et des outils. On n'a rien omis de ce
qui pouvait les montrer distinctement aux yeux. Dans le
cas où une machine mérite des détails par l'importance de
son usage et par la multitude de ses parties, on a passé du
simple au composé. On a commencé par assembler dans
185 une première figure autant d'éléments qu'on en pouvait
apercevoir sans confusion. Dans une seconde figure, on voit
les mêmes éléments avec quelques autres. C'est ainsi qu'on
a formé successivement la machine la plus compliquée,
sans aucun embarras ni pour l'esprit ni pour les yeux.

(d'Alembert)

AGNUS SCYTHICUS

C'est une plante merveilleuse que Scaliger[1] *a décrite et
nommée* agneau:

parce qu'elle ressemble parfaitement à cet animal par les
pieds, les ongles, les oreilles et la tête ; il ne lui manque que
les cornes, à la place desquelles elle a une touffe de poil.
Elle est couverte d'une peau légère dont les habitants font
5 des bonnets. On dit que sa pulpe ressemble à la chair de
l'écrevisse de mer, qu'il en sort du sang quand on y fait une
incision, et qu'elle est d'un goût extrêmement doux. La
racine de la plante s'étend fort loin dans la terre : ce qui
ajoute au prodige, c'est qu'elle tire sa nourriture des
10 arbrisseaux circonvoisins[2], et qu'elle périt lorsqu'ils
meurent ou qu'on vient les arracher. Le hasard n'a point
de part à cet incident : on lui a causé la mort toutes les fois
qu'on l'a privée de la nourriture qu'elle tire des plantes
voisines. Autre merveille, c'est que les loups sont les seuls
15 animaux carnassiers qui en soient avides. (Cela ne pouvait
manquer d'être.)

---

1. Grammairien et naturaliste italien du XVIe siècle. — 2. Qui l'entourent.

Mais tout change quand un véritable savant, Hans Sloane [1], examine la plante.

M. Hans Sloane dit que l'*agnus scythus* est une racine longue de plus d'un pied, qui a des tubérosités [2], des extrémités auxquelles sortent quelques tiges longues d'environ trois à quatre pouces, et assez semblables à celles de la fougère, et qu'une grande partie de sa surface est couverte d'un duvet noir jaunâtre, aussi luisant que la soie, long d'un quart de pouce, et qu'on emploie pour le crachement de sang. Il ajoute qu'on trouve à la Jamaïque plusieurs plantes de fougère qui deviennent aussi grosses qu'un arbre, et qui sont couvertes d'une espèce de duvet pareil à celui qu'on remarque sur nos plantes capillaires [3]; et qu'au reste il semble qu'on ait employé l'art pour leur donner la figure d'un agneau, car les racines ressemblent au corps, et les tiges aux jambes de cet animal.

Voilà donc tout le merveilleux de l'agneau de Scythie réduit à rien, ou du moins à fort peu de chose, à une racine velue à laquelle on donne la figure, ou à peu près, d'un agneau en la contournant [4].

Cet article nous fournira des réflexions plus utiles contre la superstition et le préjugé, que le duvet de l'agneau de Scythie contre le crachement de sang. Kircher [5], et après [6] Kircher, Jules César Scaliger, écrivent une fable merveilleuse; et ils l'écrivent avec ce ton de gravité et de persuasion qui ne manque jamais d'en imposer. Ce sont des gens dont les lumières et la probité ne sont pas suspectes : tout dépose en leur faveur : ils sont crus; et par qui? par les premiers génies de leur temps; et voilà tout d'un coup une nuée de témoignages plus puissants que le leur qui le fortifient, et qui forment pour ceux qui viendront un poids d'autorité auquel ils n'auront ni la force ni le courage de résister, et l'agneau de Scythie passera pour un être réel. Il faut distinguer les faits en deux classes; en faits simples et ordinaires, et en faits extraordinaires et prodigieux.

---

1. Médecin et botaniste britannique, auteur d'un *Voyage aux îles de Madère, la Barbade. Saint-Christophe et la Jamaïque* (1725). — 2. Excroissances charnues. — 3. Les fougères. — 4. Dessinant d'un premier trait. — 5. Jésuite allemand du XVIIe siècle. — 6. Erreur de Diderot ou faute d'impression? *Scaliger* est mort en 1588 et *Kircher* naquit en 1602.

50 Les témoignages de quelques personnes instruites et
    véridiques suffisent pour les faits simples; les autres
    demandent, pour l'homme qui pense, des autorités plus
    fortes. Il faut en général que les autorités soient en raison
    inverse de la vraisemblance des faits; c'est-à-dire d'autant
55 plus nombreuses et plus grandes, que la vraisemblance
    est moindre.
       Il faut subdiviser les faits, tant simples qu'extraordinaires,
    en transitoires et permanents. Les transitoires, ce sont
    ceux qui n'ont existé que l'instant de leur durée, les per-
60 manents, ce sont ceux qui existent toujours et dont on
    peut s'assurer en tout temps. On voit que ces derniers
    sont moins difficiles à croire que les premiers, et que la
    facilité que chacun a de s'assurer de la vérité ou de la
    fausseté des témoignages, doit rendre les témoins cir-
65 conspects, et disposer les autres hommes à les croire.
       Il faut distribuer les faits transitoires en faits qui se sont
    passés dans un siècle éclairé, et en faits qui se sont passés
    dans des temps de ténèbres et d'ignorance; et les faits
    permanents, en faits permanents dans un lieu accessible
70 ou dans un lieu inaccessible.
       Il faut considérer les témoignages en eux-mêmes, puis
    les comparer entre eux : les considérer en eux-mêmes,
    pour voir s'ils n'impliquent aucune contradiction, et s'ils
    sont de gens éclairés et instruits : les comparer entre eux
75 pour découvrir s'ils ne sont point calqués les uns sur
    les autres, et si toute cette foule d'autorités de Kircher,
    de Scaliger, de Bacon [1], de Libavius [2], de Licetus [3] [...]
    ne se réduirait pas par hasard à rien, ou à l'autorité
    d'un seul homme.
80   Il faut considérer si les témoins sont oculaires ou non; ce
    qu'ils ont risqué pour se faire croire; quelle crainte ou
    quelles espérances ils avaient en annonçant aux autres des
    faits dont ils se disaient témoins oculaires : s'ils avaient
    exposé leur vie pour soutenir leur déposition, il faut
85 convenir qu'elle acquerrait une grande force; que serait-ce
    donc s'ils l'avaient sacrifiée et perdue?

---

    1. Chancelier d'Angleterre de 1618 à 1621, savant et philosophe, promoteur de la méthode
expérimentale. — 2. Liban, médecin et chimiste allemand (1550-1616). — 3. Philosophe
italien du xviie siècle.

Il ne faut pas non plus confondre les faits qui se sont passés à la face de tout un peuple, avec ceux qui n'ont eu pour spectateurs qu'un petit nombre de personnes. Les faits clandestins, pour peu qu'ils soient merveilleux, ne méritent presque pas d'être crus : les faits publics, contre lesquels on n'a point réclamé dans le temps, ou contre lesquels il n'y a eu de réclamation que de la part de gens peu nombreux et mal intentionnés ou mal instruits, ne peuvent presque pas être contredits.

Voilà une partie des principes d'après lesquels on accordera ou l'on refusera sa croyance, si l'on ne veut pas donner dans des rêveries, et si l'on aime sincèrement la vérité.

(Diderot)

● **« Agnus Scythicus » : une leçon de critique historique et scientifique**

① Quels enseignements Diderot dégage-t-il de cette anecdote en ce qui concerne :

— l'origine et la concordance des témoignages;

— la valeur des témoins;

— l'examen des faits?

② Rapprocher ces critères :

— de la condamnation par Bayle de la tradition et du principe d'autorité (*Pensées sur la Comète*, 7 et 47, *cf.* Lagarde et Michard, *XVIIIᵉ siècle*, p. 17);

— de la règle scientifique formulée par Fontenelle (*Histoire des oracles*, « La Dent d'or », Lagarde et Michard, *XVIIIᵉ siècle*, p. 24) : « Assurons-nous bien du fait, avant que nous inquiéter de la cause. »

③ Étudier ce jugement de Henri Lefebvre (*Diderot*, p. 127) : *Tiens, tiens, se dit le lecteur moderne, voilà qui porte assez loin; d'abord contre les prodiges, les miracles répandus (dont ceux des convulsionnaires jansénistes du faubourg Saint-Marcel, prodiges officiellement répudiés par l'Église), mais voilà qui dresse un programme de critique historique; et ce sont peut-être, ou même sûrement, les Évangiles qui sont visés! Ainsi la malice du philosophe se dissimule dans les coins, et ce petit article inoffensif contenait ce venin.*

AIGLE

Après un long article descriptif, dû à Daubenton, Diderot
ajoute un paragraphe :

L'Aigle est un oiseau consacré à Jupiter, du jour où ce
dieu ayant consulté les augures dans l'île de Naxos [1], sur le
succès de la guerre qu'il allait entreprendre contre les
Titans [2], il parut un *aigle* qui lui fut d'un heureux présage.
5   On dit encore que l'*aigle* lui fournit de l'ambroisie [3] pendant son enfance, et que ce fut pour le récompenser de ce
soin qu'il le plaça dans la suite parmi les astres. L'*aigle* se
voit dans les images de Jupiter, tantôt aux pieds du dieu,
tantôt à ses côtés, et presque toujours portant la foudre
10   entre ses serres. Il y a bien de l'apparence que toute cette
fable n'est fondée que sur l'observation du vol de l'*aigle*,
qui aime à s'élever dans les nuages les plus hauts, et à se
retirer dans la région du tonnerre. C'en fut là tout autant
qu'il en fallait pour en faire l'oiseau du dieu du ciel et des
15   airs, et pour lui donner la foudre à porter. Il n'y avait
qu'à mettre les Païens en train [4], quand il fallait honorer
leurs dieux : la superstition imagine plutôt les visions les
plus extravagantes et les plus grossières, que de rester en
repos. Ces visions sont ensuite consacrées par le temps et
20   la crédulité des peuples; et malheur à celui qui sans être
appelé par Dieu au grand et périlleux état de missionnaire,
aimera assez peu son repos et connaîtra assez peu les
hommes, pour se charger de les instruire. Si vous intro-
duisez un rayon de lumière dans un nid de hibous, vous ne
25   ferez que blesser leurs yeux et exciter leurs cris. Heureux
cent fois le peuple à qui la religion ne propose à croire que
des choses vraies, sublimes et saintes, et à imiter que des
actions vertueuses; telle est la nôtre, où le Philosophe n'a
qu'à suivre sa raison pour arriver aux pieds de nos autels.

                                                      (Diderot)

---

① Mettre en relief :
— l'habileté,
— l'ironie,
— la vigueur
de cette attaque contre la superstition religieuse.

---

1. La plus importante île du groupe des Cyclades, dans la mer Égée. — 2. Divinités
grecques qui ont précédé les dieux de l'Olympe et lutté contre eux. — 3. Nourriture déli-
cieuse des dieux grecs. — 4. *Mettre* en humeur d'agir.

AIUS-LOCUTIUS

Aius-locutius, *dieu de la parole*, que les Romains honoraient
sous ce nom extraordinaire : mais comme il faut savoir se
taire, ils avaient aussi le dieu du silence. [...] Dans l'impossibilité où l'on sera toujours d'empêcher les hommes de
⁵ penser et d'écrire, ne serait-il pas à désirer qu'il en fût
parmi nous comme chez les anciens [1] ? Les productions de
l'incrédulité [2] ne sont à craindre que pour le peuple et que
pour la foi des simples. Ceux qui pensent bien savent à quoi
s'en tenir; et ce ne sera pas une brochure qui les écartera
¹⁰ d'un sentier qu'ils ont choisi avec examen, et qu'ils suivent
par goût. Ce ne sont pas de petits raisonnements absurdes
qui persuadent à un philosophe d'abandonner son Dieu :
l'impiété n'est donc à craindre que pour ceux qui se
laissent conduire. Mais un moyen d'accorder [3] le respect
¹⁵ que l'on doit à la croyance d'un peuple, et au culte
national, avec la liberté de penser, qui est si fort à souhaiter
pour la découverte de la vérité, et avec la tranquillité
publique, sans laquelle il n'y a point de bonheur ni pour le
philosophe, ni pour le peuple, ce serait de défendre tout
²⁵ écrit contre le gouvernement et la religion en langue vulgaire; de laisser oublier ceux qui écriraient dans une langue
savante, et d'en poursuivre les seuls traducteurs. Il me
semble qu'en s'y prenant ainsi, les absurdités écrites par
les auteurs, ne feraient de mal à personne [...].

(Diderot)

AME

*L'article, très orthodoxe, est l'œuvre de l'abbé Yvon. Il
souligne que « l'esprit de l'homme est de sa nature indivi-
sible ». Mais Diderot y ajoute un complément :*

Après avoir employé tant d'espace à établir la spiritualité et l'immortalité de l'*âme*, deux sentiments très capables d'enorgueillir l'homme sur sa condition à venir, qu'il

---

1. Diderot vient de rappeler l'irréligion des ouvrages philosophiques de Cicéron. Mais
« alors le peuple ne lisait guère; il entendait les discours de ses orateurs, et ces discours
étaient remplis de piété envers les dieux; mais il ignorait ce que l'orateur en pensait et en
écrivait dans son cabinet; ses ouvrages n'étaient qu'à l'usage de ses amis ». — 2. Les œuvres
des écrivains sceptiques ou athées. — 3. De concilier.

nous soit permis d'employer quelques lignes à l'humilier
5   sur sa condition présente par la contemplation des choses
futiles d'où dépendent les qualités dont il fait le plus de
cas. Il a beau faire, l'expérience ne lui laisse aucun doute sur
la connexion des fonctions de l'*âme* avec l'état et l'organisation du corps; il faut qu'il convienne que l'impression
10   inconsidérée du doigt de la sage-femme suffisait pour faire
un sot de Corneille, lorsque la boîte osseuse qui renferme
le cerveau et le cervelet était molle comme de la pâte. [...]

Les impressions faites sur les organes encore tendres
des enfants peuvent avoir des suites si fâcheuses, relati-
15   vement aux fonctions de l'âme, que leurs parents doivent
veiller avec soin qu'on ne leur donne aucune terreur
panique, de quelque nature qu'elle soit. [...]

*Diderot cite enfin deux cas pathologiques montrant la
liaison entre les troubles psychiques et les troubles organiques : une jeune fille atteinte de désordres circulatoires
et d'amaigrissement sous l'effet d'une « dévotion outrée »
et de « frayeurs superstitieuses » ; un musicien célèbre, victime
de convulsions que seule l'audition de concerts put guérir.*

ARGENT

[...] Les mines d'*argent* les plus riches et les plus abondantes sont en Amérique, surtout dans le Potosi[1] qui est une
des provinces du Pérou. Les filons de la mine étaient
d'abord à une très petite profondeur dans la montagne du
5   Potosi. Peu à peu on a été obligé de descendre dans les en-
trailles de la montagne, pour suivre les filons; à présent les
profondeurs sont si grandes, qu'il faut plus de quatre cents
marches pour atteindre le fond de la mine. Les filons se
trouvent à cette profondeur de la même qualité qu'ils
10   étaient autrefois à la surface; la mine est aussi riche;
elle paraît être inépuisable; mais le travail en devient de
jour en jour plus difficile; il est même funeste à la plupart des ouvriers par les exhalaisons qui sortent du fond

---

1. Région minière de l'actuelle Bolivie, dont la capitale, *Potosi*, fut au XVIIIe siècle la
cité la plus considérable de l'Amérique du Sud.

de la mine, et qui se répandent même au dehors; il
15 n'y en a aucun qui puisse supporter un air si pernicieux
plus d'un jour de suite; il fait impression sur les animaux
qui paissent aux environs. Souvent on rencontre des veines
métalliques qui rendent des vapeurs si pernicieuses,
qu'elles tuent sur-le-champ; on est obligé de les refermer
20 aussitôt, et de les abandonner : presque tous les ouvriers
sont perclus [1], quand ils ont travaillé pendant un certain
temps de leur vie. On serait étonné si l'on savait à combien
d'Indiens il en a coûté la vie, depuis que l'on travaille
dans ces mines, et combien il en périt encore tous les jours.
[...]

(Diderot)

ART

DISTRIBUTION DES ARTS EN LIBÉRAUX ET EN MÉCANIQUES.
En examinant les productions des *arts* on s'est aperçu
que les unes étaient plus l'ouvrage de l'esprit que de la main,
et qu'au contraire d'autres étaient plus l'ouvrage de la main
que de l'esprit. Telle est en partie l'origine de la préémi-
5   nence que l'on a accordée à certains *arts* sur d'autres, et
de la distribution qu'on a faite des *arts* en *arts libéraux* et
en *arts mécaniques*. Cette distinction, quoique bien fondée,
a produit un mauvais effet, en avilissant des gens très
estimables et très utiles, et en fortifiant en nous je ne sais
10 quelle paresse naturelle, qui ne nous portait déjà que trop
à croire, que donner une application constante et suivie à
des expériences et à des objets particuliers, sensibles et
matériels, c'était déroger à la dignité de l'esprit humain;
et que de pratiquer ou même d'étudier les *arts mécaniques*,
15 c'était s'abaisser à des choses dont la recherche est labo-
rieuse, la méditation ignoble [2], l'exposition [3] difficile, le
commerce [4] déshonorant [...]. Préjugé qui tendait à remplir les villes d'orgueilleux raisonneurs, et de contempla-
teurs inutiles, et les campagnes de petits tyrans ignorants,
20 oisifs et dédaigneux. Ce n'est pas ainsi qu'ont pensé
Bacon [5], un des premiers génies de l'Angleterre; Colbert,

---

1. Impotents. — 2. Sans noblesse. — 3. Explication. — 4. La pratique. — 5. Voir p. 36, note 1.

un des plus grands ministres de la France; enfin les bons
esprits et les hommes sages de tous les temps. Bacon regardait l'histoire des arts mécaniques comme la branche la
25   plus importante de la vraie Philosophie; il n'avait donc
garde d'en mépriser la pratique. Colbert regardait l'industrie des peuples et l'établissement des manufactures
comme la richesse la plus sûre d'un royaume. Au jugement
de ceux qui ont aujourd'hui des idées saines de la valeur
30   des choses, celui qui peupla la France de Graveurs, de
Peintres, de Sculpteurs et d'Artistes en tout genre; qui
surprit aux Anglais [1] la machine à faire des bas, le velours
aux Génois, les glaces aux Vénitiens, ne fit guère moins
pour l'état, que ceux qui battirent ses ennemis et leur enle-
35   vèrent leurs places fortes; et aux yeux du philosophe, il y
a peut-être plus de mérite réel à avoir fait naître les Le
Bruns [2], les Le Sueurs, et les Audrans [3]; peindre et graver
les batailles d'Alexandre, et exécuter en tapisserie les victoires de nos généraux, qu'il n'y en a à les avoir remportées.

De la Géométrie des Arts

40   [*Après avoir constaté*] qu'il y a peu d'Artistes à qui les
éléments des Mathématiques ne soient nécessaires, [*Diderot
précise que*] ces éléments leur seraient nuisibles en plusieurs
occasions, si une multitude de connaissances physiques n'en
corrigeaient les préceptes dans la pratique; connaissance

● **La réhabilitation des techniques**

Diderot rappelle ce qu'il doit à Bacon, dont il reprend plusieurs idées : les arts mécaniques ne sont pas moins nobles que
les arts libéraux, la théorie et la pratique sont unies par des
liens nécessaires.
L'*Encyclopédie* s'orientait vers la défense et l'illustration des arts
mécaniques, comme le précise son titre : *Dictionnaire raisonné
des sciences, des arts et des métiers.*

① Comment Diderot redresse-t-il les idées traditionnelles qui
s'opposent à l'action de « la partie la plus habile et la plus active
de la nation »?

---

1. Déroba *aux Anglais* le secret de... — 2. Protégé par Colbert, ce peintre a glorifié
Louis XIV indirectement par une série de tableaux, *les batailles d'Alexandre*, transposés
en gravures quelques années plus tard par *Audran*. — 3. Mort à trente-neuf ans, en 1655,
ce peintre de sujets surtout religieux n'a pu être protégé par Colbert.

[45] des lieux, des positions, des figures irrégulières, des matières, de leurs qualités, de l'élasticité, de la roideur, des
frottements, de la consistance, de la durée des effets de l'air,
de l'eau, du froid, de la chaleur, de la sécheresse, etc. Il est
évident que les éléments de la Géométrie de l'Académie
[50] ne sont que les plus simples et les moins composés d'entre
ceux de la Géométrie des boutiques. Il n'y a pas un levier
dans la nature, tel que celui que Varignon [1] suppose dans
ses propositions; il n'y a pas un levier dans la nature dont
toutes les conditions puissent entrer en calcul. Entre ces
[55] conditions il y en a, et en grand nombre, et de très essentielles dans l'usage, qu'on ne peut même soumettre à cette
partie du calcul qui s'étend jusqu'aux différences les plus
insensibles des quantités, quand elles sont appréciables;
d'où il arrive que celui qui n'a que la Géométrie intellec-
[60] tuelle, est ordinairement un homme assez maladroit; et
qu'un Artiste qui n'a que la Géométrie expérimentale,
est un ouvrier très borné.

(Diderot)

*La collaboration entre les géomètres et les physiciens
constitue donc la condition nécessaire du progrès technique.*

ATHÉISME

*Après avoir reconnu que « les idées de l'honnête et du
déshonnête subsistent avec l'athéisme », l'abbé Yvon réfute
cette doctrine avec des arguments d'ordre social et politique.*

L'*athéisme* publiquement professé [2] est punissable suivant le droit naturel [3]. On ne peut que désapprouver hautement quantité de procédures barbares et d'exécutions
inhumaines, que le simple soupçon ou le prétexte d'*athé-*
[5] *isme* ont occasionnées. Mais d'un autre côté, l'homme le
plus tolérant ne disconviendra pas que le magistrat [4] n'ait
droit de réprimer ceux qui osent professer l'*athéisme*, et de
les faire périr même, s'il ne peut autrement en délivrer la

---

1. Mathématicien français (1654-1722), auteur d'un traité de statique. — 2. Reconnu
et exposé. — 3. « Droit résultant de la nature des hommes et de leurs rapports, indépendamment de toute convention ou législation » (Lalande, *Vocabulaire de la philosophie*). — 4. Les autorités civiles.

société. Personne ne révoque en doute, que le magistrat
ne soit pleinement autorisé à punir ce qui est mauvais
et vicieux, et à récompenser ce qui est bon et vertueux.
S'il peut punir ceux qui font du tort à une seule personne,
il a sans doute autant de droit de punir ceux qui en font
à toute une société, en niant qu'il y ait un Dieu, ou qu'il
se mêle de la conduite du genre humain, pour récompenser
ceux qui travaillent au bien commun et pour châtier
ceux qui l'attaquent. On peut regarder un homme de cette
sorte comme l'ennemi de tous les autres, puisqu'il renverse
tous les fondements sur lesquels leur conservation et leur
félicité sont principalement établies. Un tel homme pourrait être puni par chacun dans le droit de nature. Par conséquent le magistrat doit avoir droit de punir, non seulement
ceux qui nient l'existence d'une divinité, mais encore ceux
qui rendent cette existence inutile en niant la providence,
ou en prêchant contre son culte; ou qui sont coupables
de blasphèmes formels, de profanations, de parjures ou de
jurements prononcés légèrement. La religion est si nécessaire pour le soutien de la société humaine, qu'il est impossible, comme les païens l'ont reconnu, aussi bien que les
chrétiens, que la société subsiste si l'on n'admet une puissance invisible, qui gouverne les affaires du genre humain.
Voyez-en la preuve à l'article des *athées* [1]. La crainte et le
respect que l'on a pour cet être produit plus d'effet dans les
hommes, pour leur faire observer les devoirs dans lesquels
leur félicité consiste sur la terre, que tous les supplices
dont les magistrats les puissent menacer. Les *athées* mêmes
n'osent le nier; et c'est pourquoi ils supposent que la religion
est une invention des politiques [2] pour tenir plus facilement
la société en règle. Mais quand cela serait, les politiques ont
le droit de maintenir leurs établissements [3], et de traiter en
ennemis ceux qui voudraient les détruire. Il n'y a point
de politiques moins sensés que ceux qui prêtent l'oreille
aux insinuations de l'*athéisme*, et qui ont l'imprudence de
faire profession ouverte d'irréligion. Les *athées*, en flattant
les souverains, et en les prévenant contre toute religion, leur
font autant de tort qu'à la religion même, puisqu'ils leur

---

1. Œuvre également de l'abbé Yvon. — 2. Les fondateurs des sociétés et les gouvernements. — 3. Les sociétés.

ôtent tout droit, excepté la force, et qu'ils dégagent leurs
sujets de toute obligation et du serment de fidélité qu'ils
leur ont fait. Un droit qui n'est établi d'une part que sur
50 la force, et de l'autre que sur la crainte, tôt ou tard se détruit
et se renverse. Si les souverains pouvaient détruire toute
conscience et toute religion dans les esprits de tous les
hommes, dans la pensée d'agir ensuite avec une entière
liberté, ils se verraient bientôt ensevelis eux-mêmes sous
55 les ruines de la religion. La conscience et la religion engagent tous les sujets : 1° à exécuter les ordres légitimes de
leurs souverains, ou de la puissance législative à laquelle ils
sont soumis, lors même qu'ils sont opposés à leurs intérêts particuliers ; 2° à ne pas résister à cette même puissance
60 par la force comme *saint Paul l'ordonne* (*Rom.*, chap. XIV,
12). La religion est plus encore le soutien des rois, que le
glaive qui leur a été remis.

(*Cet article est tiré des papiers de M. Formey* [1], secrétaire
de l'Académie royale de Prusse).

● **Une philosophie prudente**

*La partie du dictionnaire qui déplaisait tant à Voltaire et que
Diderot ne se faisait pas faute de critiquer lui-même, c'est celle
dont se chargèrent les abbés Yvon, de Prades et Pestré, l'abbé Mallet
et l'abbé Morellet, Samuel Formey [...]. Elle incline vers une sorte
de christianisme épuré, raisonnable, voire de religion naturelle,
plutôt que vers le déisme proprement dit* (Jacques Proust, *l'Encyclopédie*, p. 154-155).

① Dans quelle mesure l'article consacré à l'*Athéisme* est-il
orthodoxe?

② L'abbé Yvon ne se réfère-t-il pas surtout à l'intérêt de la
société et aux principes du droit naturel?

1. Voir p. 22.

ATTRACTION

*L'article expose les lois de Newton, plus satisfaisantes
pour le savant que les théories antérieures.*

[...] Il est facile de juger combien sont injustes ceux des
philosophes modernes qui se déclarent hautement contre
le principe de l'attraction, sans apporter d'autres raisons,
sinon, qu'ils ne conçoivent pas comment un corps peut
5 agir sur un autre qui en est éloigné [...]. Rien n'est plus
sage et plus conforme à la vraie philosophie, que de sus-
pendre notre jugement sur la nature de la force qui produit
ces effets. Partout où il y a un effet, nous pouvons conclure
qu'il y a une cause, soit que nous la voyions ou que nous
10 ne la voyions pas. Mais quand la cause est inconnue, nous
pouvons considérer simplement l'effet sans avoir égard à
la cause. [...] Les phénomènes de l'attraction sont la
matière des recherches physiques; et en cette qualité ils
doivent faire partie d'un système de physique : mais
15 la cause de ces phénomènes n'est du ressort du physicien,
que quand elle est sensible, c'est-à-dire quand elle paraît
elle-même l'effet de quelque cause plus relevée. [...] Ainsi
nous pouvons supposer autant de causes d'*attraction* qu'il
nous plaira, sans que cela puisse nuire aux effets.

(d'Alembert)

AUTORITÉ POLITIQUE

Autorité politique. Aucun homme n'a reçu de la nature le
droit de commander aux autres. La liberté est un présent
du ciel, et chaque individu de la même espèce a le droit
d'en jouir aussitôt qu'il jouit de la raison. Si la nature a
5 établi quelque *autorité*, c'est la puissance paternelle : mais
la puissance paternelle a ses bornes; et dans l'état de
nature elle finirait aussitôt que les enfants seraient en
état de se conduire. Toute autre *autorité* vient d'une autre
origine que de la nature. Qu'on examine bien, et on la
10 fera toujours remonter à l'une de ces deux sources : ou
la force et la violence de celui qui s'en est emparé; ou le
consentement de ceux qui s'y sont soumis par un contrat
fait ou supposé entre eux, et celui à qui ils ont déféré
l'*autorité*.
15   La puissance qui s'acquiert par la violence, n'est qu'une
usurpation, et ne dure qu'autant que la force de celui qui

commande l'emporte sur celle de ceux qui obéissent; en
sorte que si ces derniers deviennent à leur tour les plus
forts, et qu'ils secouent le joug, ils le font avec autant de
20 droit et de justice que l'autre qui le leur avait imposé. La
même loi qui a fait l'*autorité*, la défait alors : c'est la loi
du plus fort.

Quelquefois l'*autorité* qui s'établit par la violence change
de nature; c'est lorsqu'elle continue et se maintient du
25 consentement exprès de ceux qu'on a soumis : mais elle
rentre par là dans la seconde espèce dont je vais parler;
et celui qui se l'était arrogée devenant alors prince [1], cesse
d'être tyran [2].

La puissance qui vient du consentement des peuples
30 suppose nécessairement des conditions qui en rendent
l'usage légitime, utile à la société, avantageux à la république [3], et qui la fixent et la restreignent entre des limites :
car l'homme ne doit ni ne peut se donner entièrement et
sans réserve à un autre homme; parce qu'il a un maître
35 supérieur au-dessus de tout, à qui seul il appartient tout
entier. C'est Dieu, dont le pouvoir est toujours immédiat [4]
sur la créature, maître aussi jaloux qu'absolu, qui ne perd
jamais de ses droits, et ne les communique [5] point. Il
permet, pour le bien commun et pour le maintien de la
40 société, que les hommes établissent entre eux un ordre
de subordination, qu'ils obéissent à l'un d'eux : mais il
veut que ce soit par raison et avec mesure, et non pas
aveuglément et sans réserve, afin que la créature ne
s'arroge pas les droits du créateur. Toute autre soumission
45 est le véritable crime de l'idolâtrie [6]. Fléchir le genou
devant un homme ou devant une image, n'est qu'une cérémonie extérieure, dont le vrai Dieu, qui demande le cœur
et l'esprit, ne se soucie guère, et qu'il abandonne à l'institution des hommes pour en faire comme il leur conviendra,
50 des marques d'un culte civil et politique, ou d'un culte de
religion. Ainsi ce ne sont point ces cérémonies en elles-
mêmes, mais l'esprit de leur établissement [7], qui en rend
la pratique innocente ou criminelle. Un Anglais n'a point

---

1. Souverain bénéficiant du consentement populaire. — 2. Usurpateur. — 3. L'État. —
4. Sans intermédiaire. — 5. Partage. — 6. Adoration excessive. — 7. L'*esprit* selon lequel
elles ont été instituées.

de scrupule à servir le roi le genou en terre [1]; le cérémonial
55   ne signifie que ce qu'on a voulu qu'il signifiât : mais
livrer son cœur, son esprit et sa conduite sans aucune
réserve à la volonté et au caprice d'une pure créature, en
faire l'unique et le dernier motif de ses actions, c'est
assurément un crime de lèse-majesté divine au premier
60   chef : autrement ce pouvoir de Dieu, dont on parle tant,
ne serait qu'un vain bruit dont la politique humaine use-
rait à sa fantaisie, et dont l'esprit d'irréligion pourrait
se jouer à son tour; de sorte que toutes les idées de puissance et de subordination venant à se confondre, le prince
65   se jouerait de Dieu, et le sujet du prince.

[...] Le prince tient de ses sujets mêmes l'*autorité* qu'il a
sur eux; et cette *autorité* est bornée par les lois de la nature
et de l'état. Les lois de la nature et de l'état sont les
conditions sous lesquelles ils se sont soumis, ou sont
70   censés s'être soumis à son gouvernement. L'une de ces
conditions est que n'ayant de pouvoir et d'*autorité* sur eux
que par leur choix et de leur consentement, il ne peut
jamais employer cette *autorité* pour casser l'acte ou le
contrat [2] par lequel elle lui a été déférée : il agirait dès
75   lors contre lui-même, puisque son *autorité* ne peut subsister
que par le titre qui l'a établie. Qui annule l'un détruit
l'autre. Le prince ne peut donc pas disposer de son pouvoir et de ses sujets sans le consentement de la nation,
et indépendamment du choix [3] marqué dans le contrat
80   de soumission. S'il en usait autrement, tout serait nul, et les
lois le relèveraient des promesses et des serments qu'il
aurait pu faire, comme un mineur qui aurait agi sans
connaissance de cause, puisqu'il aurait prétendu disposer
de ce qu'il n'avait qu'en dépôt et avec clause de substitu-
85   tion [4], de la même manière que s'il l'avait eu en toute
propriété et sans aucune condition.

D'ailleurs le gouvernement, quoique héréditaire dans une
famille, et mis entre les mains d'un seul, n'est pas un bien
particulier, mais un bien public, qui par conséquent ne
90   peut jamais être enlevé au peuple, à qui seul il appartient

---

1. Parce qu'il demeure un homme libre. — 2. Ce *contrat* possède une valeur définitive. —
3. De sa propre personne. — 4. « Disposition par laquelle on appelle successivement un
ou plusieurs héritiers à succéder, pour que celui qu'on a institué le premier ne puisse pas
aliéner les biens sujets à la substitution. »

essentiellement et en pleine propriété. Aussi est-ce toujours lui qui en fait le bail : il intervient toujours dans le contrat qui en adjuge l'exercice. Ce n'est pas l'état qui appartient au prince, c'est le prince qui appartient à l'état :
95 mais il appartient au prince de gouverner dans l'état, parce que l'état l'a choisi pour cela; qu'il s'est engagé envers les peuples à l'administration des affaires, et que ceux-ci de leur côté se sont engagés à lui obéir conformément aux lois. Celui qui porte la couronne peut bien
100 s'en décharger absolument s'il le veut : mais il ne peut la remettre sur la tête d'un autre sans le consentement de la nation qui l'a mise sur la sienne. En un mot, la couronne, le gouvernement, et l'*autorité* publique, sont des biens dont le corps de la nation est propriétaire, et dont les
105 princes sont les usufruitiers, les ministres et les dépositaires. Quoique chefs de l'état, ils n'en sont pas moins membres, à la vérité les premiers, les plus vénérables et les plus puissants, pouvant tout pour gouverner, mais ne pouvant rien légitimement pour changer le gouvernement
110 établi, ni pour mettre un autre chef à leur place. Le sceptre de Louis XV passe nécessairement à son fils aîné, et il n'y a aucune puissance qui puisse s'y opposer : ni celle de la nation, parce que c'est la condition du contrat; ni celle de son père par la même raison.
115 　Le dépôt de l'*autorité* n'est quelquefois que pour un temps limité, comme dans la république Romaine. Il est quelquefois pour la vie d'un seul homme, comme en Pologne; quelquefois pour tout le temps que subsistera une famille, comme en Angleterre; quelquefois pour le
120 temps que subsistera une famille par les mâles seulement, comme en France.
　Ce dépôt est quelquefois confié à un certain ordre dans la société; quelquefois à plusieurs choisis de tous les ordres, et quelquefois à un seul.
125 　Les conditions de ce pacte sont différentes dans les différents états. Mais partout, la nation est en droit de maintenir envers et contre tous le contrat qu'elle a fait; aucune puissance ne peut le changer; et quand il n'a plus lieu [1], elle rentre dans le droit et dans la pleine liberté d'en

---

1. Quand les conditions ne peuvent plus être remplies.

130 passer un nouveau avec qui, et comme il lui plaît. C'est ce qui arriverait en France, si par le plus grand des malheurs la famille entière régnante venait à s'éteindre jusque dans ses moindres rejetons; alors le sceptre et la couronne retourneraient à la nation.

135   Il semble qu'il n'y ait que des esclaves dont l'esprit serait aussi borné que le cœur serait bas, qui pussent penser autrement. Ces sortes de gens ne sont nés ni pour la gloire du prince, ni pour l'avantage de la société : ils n'ont ni vertu, ni grandeur d'âme. La crainte et l'inté-
140 rêt sont les ressorts de leur conduite. La nature ne les produit que pour servir de lustre aux hommes vertueux; et la Providence s'en sert pour former les puissances tyranniques, dont elle châtie pour l'ordinaire les peuples et les souverains qui offensent Dieu; ceux-ci en usurpant,
145 ceux-là en accordant trop à l'homme de ce pouvoir suprême, que le Créateur s'est réservé sur la créature.

    L'observation des lois, la conservation de la liberté et l'amour de la patrie, sont les sources fécondes de toutes grandes choses et de toutes belles actions. Là se trouvent
150 le bonheur des peuples, et la véritable illustration des princes qui les gouvernent. Là l'obéissance est glorieuse, et le commandement auguste [1]. Au contraire, la flatterie, l'intérêt particulier, et l'esprit de servitude sont l'origine de tous les maux qui accablent un état, et de toutes les
155 lâchetés qui le déshonorent. Là les sujets sont misérables, et les princes haïs; là le monarque ne s'est jamais entendu proclamer *le bien-aimé* [2]; la soumission y est honteuse, et la domination cruelle. Si je rassemble sous un même point de vue la France et la Turquie, j'aperçois d'un côté une
160 société d'hommes que la raison unit, que la vertu fait agir, et qu'un chef également sage et glorieux gouverne selon les lois de la justice; de l'autre, un troupeau d'animaux que l'habitude assemble, que la loi de la verge fait marcher, et qu'un maître absolu mène selon son caprice.

(Diderot)

---

1. Digne de respect. — 2. Épithète attribuée à Louis XV en 1744, sept ans avant la publication du tome I.

● **Le fondement de l'autorité politique**

Diderot s'inspire probablement de LOCKE qui, dans le traité *du Gouvernement civil* (1690), définit l'état de nature comme « un état de parfaite liberté », constate à propos des droits paternels que « l'âge et la raison délivrent les enfants de ces liens et les mettent dans leur propre et libre disposition », et conclut que « les hommes étant tous naturellement libres, égaux et indépendants, nul ne peut être tiré de cet état et soumis au pouvoir politique d'autrui sans son propre consentement, par lequel il peut convenir, avec d'autres hommes, de se joindre » (5ᵉ édition, 1745, p. 1, 75 et 131).

① Diderot établit que la liberté est un droit naturel par un raisonnement *a fortiori*. Le montrer.

② Quelles sont les deux sources d'où, selon Diderot, peut provenir l'autorité politique?

③ Comparer la justification de l'insurrection chez Diderot et chez Montesquieu (*Lettres Persanes*, 104, *S. L. B.*, p. 131).

● **L'exercice de l'autorité politique**

④ Quels droits et quels devoirs Diderot assigne-t-il au roi et au peuple?

⑤ Montrer comment Diderot retourne contre l'absolutisme la théorie du droit divin exposée par Bossuet dans *la Politique tirée de l'écriture sainte* (III, 2) : « Les Princes agissent donc comme ministres de Dieu et ses lieutenants sur la terre. C'est par eux qu'il exerce son empire. »

⑥ Dans le *Discours sur la condition des Grands* (éd. Brunschvicg, p. 236), PASCAL admet « des respects d'établissement, c'est-à-dire certaines cérémonies extérieures [...] qui ne nous font pas concevoir quelque qualité réelle en ceux que nous honorons de cette sorte », mais il condamne toute révolte politique.
Dégager la similitude entre les points de départ et la différence des conclusions auxquelles aboutissent Pascal et Diderot.

● **L'originalité de Diderot**

⑦ En quoi cet article, publié en 1751, annonce-t-il les thèses de Rousseau dans *le Contrat social* (1761) sur l'indispensable consentement des individus, sur les conditions justifiant l'exercice du pouvoir et sur la force du contrat qui fonde la puissance politique?

⑧ Souligner la hardiesse ou la véhémence de certains développements (l. 80-91 et l. 140-146).

⑨ A quoi tend la modération des formules finales? Elles n'empêchent pas le *Journal de Trévoux*, organe des Jésuites, d'écrire en mars 1752 : « La difficulté sera toujours de concilier ces bons endroits avec les principes posés au commencement de l'article; et ces principes nous paraissent très contraires à l'autorité suprême, à la constitution de l'empire français, à la tranquillité publique. »

BAS

Bas, s. m. (Bonneterie, et autres marchands, comme Peaussier, etc.) [...] c'est la partie de notre vêtement qui sert à nous couvrir les jambes : elle se fait de laine, de peau, de toile, de drap, de fil, de filoselle [1], de soie; elle se
5   tricote à l'aiguille ou au métier.

Voici la description du *bas* au métier, et la manière de s'en servir. Nous avertissons avant que de commencer, que nous citerons ici deux sortes de planches : celles du métier à *bas*, qui sont relatives à la machine; et celles du
10 *bas* au métier, qui ne concernent que la main-d'œuvre.

Le métier à faire des bas est une des machines les plus compliquées et les plus conséquentes [2] que nous ayons : on peut la regarder comme un seul et unique raisonnement, dont la fabrication de l'ouvrage est la conclusion; aussi
15 règne-t-il entre ses parties une si grande dépendance qu'en retrancher une seule, ou altérer la forme de celles qu'on juge les moins importantes, c'est nuire à tout le mécanisme.

Elle est sortie des mains de son inventeur presque dans
20 l'état de perfection où nous la voyons; et comme cette circonstance doit ajouter beaucoup à l'admiration, j'ai préféré le métier tel qu'il était anciennement au métier tel que nous l'avons, observant seulement d'indiquer leurs petites différences à mesure qu'elles se présenteront.
25   On conçoit, après ce que je viens de dire de la liaison et de la forme des parties du métier à *bas*, qu'on se promettrait en vain quelque connaissance de la machine entière, sans entrer dans le détail et la description de ces parties : mais elles sont en si grand nombre qu'il semble que cet
30 ouvrage doive excéder les bornes que nous nous sommes prescrites, et dans l'étendue du discours, et dans la quantité des Planches. D'ailleurs, par où entamer ce discours? comment faire exécuter ces Planches? La liaison des parties demanderait qu'on dît et qu'on montrât tout à la fois; ce
35 qui n'est possible, ni dans le discours, où les choses se suivent nécessairement, ni dans les Planches, où les parties se couvrent les unes les autres. [...]

---

1. Bourre de soie, rebut des cocons dévidés. — 2. Rigoureusement construites.

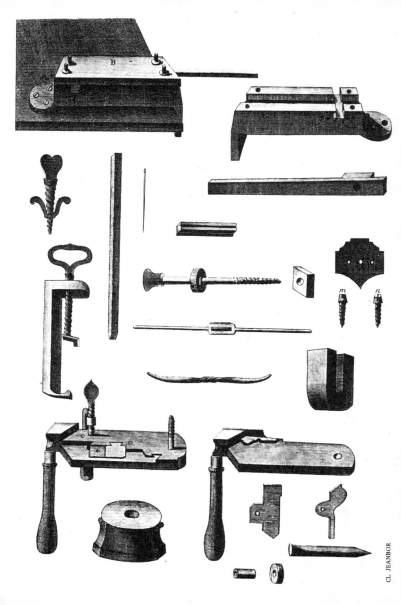

CL. JEANBOR

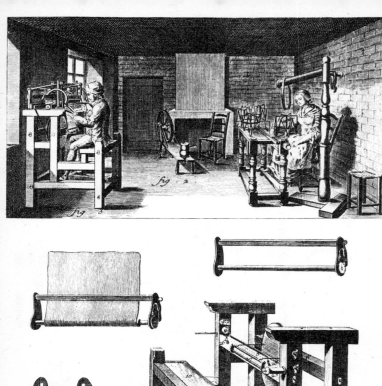

Le métier à bas

CL. JEANBOR

Nous divisons le métier à *bas* en deux parties; le *fût* ou les parties en bois qui soutiennent le métier, et qui servent
40 dans la main-d'œuvre; et le métier même, ou les parties en fer et autres qui la composent [...].

(Diderot)

● **Les descriptions techniques**

Tout porte à croire que le rôle de Diderot dans la rédaction de cet article fut seulement celui d'éditeur et qu'il n'a fait qu'arranger et mettre en ordre un ou plusieurs mémoires qui lui furent remis par des ouvriers fort avancés dans leur métier, et qui apparemment savaient très bien s'exprimer (H. Dieckmann, « l'Encyclopédie et le Fonds Vandeul », *Revue d'histoire littéraire*, 1951, p. 325). La compétence et la précision de l'article, long de 14 pages, sont à rapprocher de la place occupée dans l'*Encyclopédie* par les articles *Bonneterie, Damas* et *Gaze* — de Diderot —, *Soie* et *Velours* : elles reflètent le développement au XVIIIe siècle de l'industrie textile, sous l'impulsion de marchands-fabricants riches et dynamiques. Les planches qui accompagnent l'article *Bas* figurent dans le second volume de planches. Elles étudient les différentes parties du métier et son fonctionnement, jetant les fondements d'une science nouvelle, la technologie; voir ci-contre.

BASSESSE

Bassesse, *abjection* (Gramm.), termes synonymes, en ce qu'ils marquent l'un et l'autre l'état où l'on est : mais si on les construit ensemble, dit M. l'abbé Girard [1], *abjection* doit précéder *bassesse*, et la délicatesse de notre langue veut
5 que l'on dise, *état d'abjection, bassesse d'état.*

L'*abjection* se trouve dans l'obscurité où nous nous enveloppons de notre propre mouvement, dans le peu d'estime qu'on a pour nous, dans le rebut qu'on en fait, et dans les situations humiliantes où l'on nous réduit. La
10 *bassesse*, continue le même auteur, se trouve dans le peu de naissance, de mérite, de fortune et de dignité,

Observons ici combien la langue seule nous donne de préjugés, si la dernière réflexion de M. l'abbé Girard est juste. Un enfant, au moment où il reçoit dans sa mémoire

---

1. Auteur d'ouvrages grammaticaux et d'un recueil des *Synonymes français* (1736).

15 le terme *bassesse*, le reçoit donc comme un signe qui doit
réveiller pour la suite dans son entendement les idées du
défaut de naissance, de mérite, de fortune, de condition,
et de mépris : soit qu'il lise, soit qu'il écrive, soit qu'il
médite, soit qu'il converse, il ne rencontrera jamais le
20 terme *bassesse*, qu'il ne lui attache ce cortège de notions
fausses; et les signes grammaticaux ayant cela de particulier, en Morale surtout, qu'ils indiquent non seulement
les choses, mais encore l'opinion générale que les hommes
qui parlent la même langue, en ont conçue, il croira penser
25 autrement que tout le monde et se tromper, s'il ne méprise
pas quiconque manque de naissance, de dignité, de mérite
et de fortune; et s'il n'a pas la plus haute vénération pour
quiconque a de la naissance, des dignités, du mérite, et
de la fortune; et mourra peut-être, sans avoir conçu que
30 toutes ces qualités étant indépendantes de nous, heureux
seulement celui qui les possède! Il ne mettra aucune
distinction entre le mérite acquis et le mérite inné; et il
n'aura jamais su qu'il n'y a proprement que le vice qu'on
puisse mépriser, et que la vertu qu'on puisse louer. [...]
35   Et je dis moi que les termes *abjection*, *bassesse*, semblent
n'avoir été inventés que par quelques hommes injustes
dans le sein du bonheur, d'où ils insultaient à ceux que la
nature, le hasard, et d'autres causes pareilles n'avaient
pas également favorisés; que la Philosophie soutient dans
40 l'*abjection* où l'on est tombé, et ne permet pas de penser
qu'on puisse *naître* dans la *bassesse*; que le philosophe
sans naissance, sans bien, sans fortune, sans place, saura
bien qu'il n'est qu'un être *abject* pour les autres hommes

● **Grammaire et morale**

Diderot s'est chargé de rédiger un grand nombre d'articles sur
les synonymes, surtout dans les premiers volumes de l'*Encyclopédie*. Il cède ensuite la majeure partie de ce travail à Jaucourt
et au grammairien Beauzée.
L'article *Bassesse* permet de mettre en relief la méthode fréquemment adoptée par Diderot. Dans les deux premiers paragraphes, il suit de près son modèle, l'abbé Girard, dont il cite
même une formule. Puis il s'abandonne à son indignation dans
une digression qui condamne les préjugés moraux et sociaux.

① Dégager les différents moments du raisonnement de Diderot
dans sa digression.

45 mais ne se tiendra point pour tel; que s'il sort de l'état
prétendu de *bassesse* qu'on a imaginé, il en sera tiré par
son mérite seul; qu'il n'épargnera rien pour ne pas tomber
dans l'*abjection*, à cause des inconvénients physiques et
moraux qui l'accompagnent; mais que s'il y tombe, sans
avoir aucun mauvais usage de sa raison à se reprocher,
50 il ne s'en chagrinera guère et n'en rougira point. [...]

(Diderot)

BOA

Boa (Hist. nat.), c'est le nom d'un serpent aquatique, d'une
grandeur démesurée, et qui s'attache particulièrement aux
bœufs, dont il aime beaucoup la chair; c'est ce qui lui a fait
donner le nom qu'il porte [1]. Il aime aussi beaucoup le lait.
5 S'il est vrai, ainsi que le dit Duncan [2], qu'il ne puisse vivre
d'autres choses, l'espèce en doit être peu nombreuse; et si
l'on en trouve quelquefois dans la Calabre, ainsi qu'on
nous l'assure, il est étonnant que nous n'en ayons pas une
description plus exacte. On tua un *boa* sous le règne de
10 l'empereur Claude [3], dans lequel on trouva un enfant
entier. Ceux qui ont avancé qu'il pouvait avaler un bœuf,
ne méritent qu'on rapporte leur sentiment que pour montrer jusqu'où peut aller l'exagération. Les historiens font
assez ordinairement le contraire de la montagne en travail :
15 s'agit-il d'une souris? leur plume enfante un éléphant.

(Diderot)

BONHEUR

Bonheur, s. m. (Morale), se prend ici pour un état, une situation telle qu'on en désirerait la durée sans changement,
et en cela le *bonheur* est différent du plaisir, qui n'est qu'un
sentiment agréable, mais court et passager, et qui ne peut
5 jamais être un état. La douleur aurait bien plutôt le privilège d'en pouvoir être un. ʳ ᵃⁱⁿ

Tous les hommes se réunissent dans le désir d'être heureux. La nature nous a fait à tous une loi de notre propre
bonheur. Tout ce qui n'est point *bonheur* nous est étranger :

---

1. Le mot, selon Darmesteter, serait « emprunté du lat. *boa*, espèce de couleuvre »,
tandis que « bœuf » vient du lat. *bovem*. — 2. Érudit anglais du XVIIIᵉ siècle. — 3. Empereur
romain (41-54).

10 lui seul a un pouvoir marqué sur notre cœur; nous y
sommes tous entraînés par une pente rapide, par un
charme puissant, par un attrait vainqueur; c'est une
impression ineffaçable de la nature qui l'a gravé dans nos
cœurs, il en est le charme et la perfection.

15   Les hommes se réunissent [1] encore sur la nature du
bonheur. Ils conviennent tous qu'il est le même que le
plaisir, ou du moins qu'il doit au plaisir ce qu'il a de plus
piquant et de plus délicieux. Un *bonheur* que le plaisir
n'anime point par intervalles, et sur lequel il ne verse pas
20 ses faveurs, est moins un vrai bonheur qu'un état et une
situation tranquille : c'est un triste bonheur que celui-là.
Si l'on nous laisse dans une indolence paresseuse, où notre
activité n'ait rien à saisir, nous ne pouvons être heureux.
Pour remplir nos désirs, il faut nous tirer de cet assoupis-
25 sement où nous languissons : il faut faire couler la joie
jusqu'au plus intime de notre cœur, l'animer par des sentiments agréables, l'agiter par de douces secousses, lui
imprimer des mouvements délicieux, l'enivrer des transports d'une volupté pure, que rien ne puisse altérer. Mais
30 la condition humaine ne comporte point un tel état : tous
les moments de notre vie ne peuvent être filés [2] par les plaisirs. L'état le plus délicieux a beaucoup d'intervalles lan-
guissants. Après que la première vivacité du sentiment s'est
éteinte, le mieux qui puisse lui arriver, c'est de devenir
35 un état tranquille. Notre *bonheur* le plus parfait dans cette
vie n'est donc, comme nous l'avons dit au commencement
de cet article, qu'un état tranquille, *semé çà et là de
quelques plaisirs qui en égaient le fond.* [...]
      Chacun n'a-t-il pas droit d'être heureux, selon que son
40 caprice en décidera? [...]
      Il ne faut point opposer à cette maxime qui est certaine,
la morale et la religion de J.-C. notre législateur et en
même temps notre Dieu, lequel n'est point venu pour
anéantir la nature, mais pour la perfectionner. Il ne nous
45 fait point renoncer à l'amour du plaisir, et ne condamne
point la vertu à être malheureuse ici-bas. Sa loi est pleine
de charmes et d'attraits; elle est toute comprise dans
l'amour de Dieu et du prochain. La source des plaisirs

---

1. S'accordent. — 2. Conduits de manière soutenue.

légitimes ne coule pas moins pour le Chrétien que pour
⁵⁰ l'homme profane : mais dans l'ordre de la grâce il est
infiniment plus heureux par ce qu'il espère, que par ce
qu'il possède. Le bonheur qu'il goûte ici-bas devient pour
lui le germe d'un *bonheur* éternel. Ses plaisirs sont ceux
de la modération, de la bienfaisance, de la tempérance,
⁵⁵ de la conscience; plaisirs purs, nobles, spirituels, et fort
supérieurs aux plaisirs des sens.

Un homme qui prétendrait tellement subtiliser ¹ la vertu
qu'il ne lui laissât aucun sentiment de joie et de plaisir,
ne ferait assurément que rebuter notre cœur. Telle est sa
⁶⁰ nature qu'il ne s'ouvre qu'au plaisir; lui seul en sait manier
tous les replis et en faire jouer les ressorts les plus secrets.
Une vertu que n'accompagnerait pas le plaisir, pourrait
bien avoir notre estime, mais non notre attachement.
J'avoue qu'un même plaisir n'en est pas un pour tous;
⁶⁵ les uns sont pour le plaisir grossier, et les autres pour le

---

● **La conception du bonheur**

① Montrer que l'article identifie d'abord le bonheur et le
plaisir.

② Le bonheur n'apparaît-il pas sous la forme d'une perpétuelle
lutte entre le mouvement et la langueur? *Pour être heureux, il faut
pouvoir donner une réponse à ces deux tendances opposées, le calme
et l'activité, la plénitude qui rassemble l'âme en elle-même et
l'intérêt qui l'oblige à se donner du mouvement, en se portant vers
les objets extérieurs* (Robert Mauzi, *l'Idée du bonheur au
XVIII* siècle, p. 128).

③ Comparer l'article de l'abbé Pestré à la conclusion de
l'article *Délicieux* (de Diderot) :
*Si l'on pouvait fixer par la pensée cette situation de pur sentiment,
où toutes les facultés du corps et de l'âme sont vivantes sans être
agissantes, et attacher à ce quiétisme délicieux l'idée d'immutabilité,
on se formerait la notion du bonheur le plus grand et le plus pur que
l'homme puisse imaginer.*
N'y a-t-il pas contradiction avec la conception matérialiste du
bonheur lié à un jaillissement, à un flux des émotions et de
l'enthousiasme, telle que Diderot la développe dans ses *Lettres
à Falconet?*

④ Comment l'auteur s'efforce-t-il de concilier la notion de
plaisir avec la morale chrétienne? La conclusion de cet article
n'explique-t-elle pas l'hostilité des jansénistes à l'*Encyclopédie?*

---

1. Raffiner.

plaisir délicat; les uns pour le plaisir vif, et les autres
pour le plaisir durable; les uns pour le plaisir des sens,
et les autres pour le plaisir de l'esprit; les uns enfin pour
le plaisir du sentiment, et les autres pour le plaisir de la
70   réflexion : mais tous sans exception sont pour le plaisir.

                                        (Abbé Pestré)

BRAMINES

Bramines ou **bramenes** ou **Bramins** ou **Bramens**, s. m. pl.
(Hist. mod.), secte de philosophes indiens, appelés anciennement *Brachmanes*. Ce sont des prêtres qui révèrent principalement trois choses, le dieu Fo [1], sa loi, et les livres qui
5   contiennent leurs constitutions. Ils assurent que le monde
n'est qu'une illusion, un songe, un prestige, et que les
corps, pour exister véritablement, doivent cesser d'être en
eux-mêmes, et se confondre avec le néant, qui par sa simplicité fait la perfection de tous les êtres. Ils font consister
10   la sainteté à ne rien vouloir, à ne rien penser, à ne rien sentir, et à si bien éloigner de son esprit toute idée, même de
vertu, que la parfaite quiétude de l'âme n'en soit pas altérée.
C'est le profond assoupissement de l'esprit, le calme de
toutes les puissances, la suspension absolue des sens, qui
15   fait la perfection. Cet état ressemble si fort au sommeil,
qu'il paraît que quelques grains d'*opium* sanctifieraient un
Bramine bien plus sûrement que tous ses efforts. [...] Ils
sont à la tête de la religion; ils en expliquent les rêveries aux
idiots, et dominent ainsi sur ces idiots, et par contre-coup
20   sur le petit nombre de ceux qui ne le sont pas. Ils tiennent
les petites écoles. L'austérité de leur vie, l'ostentation de
leurs jeûnes, en imposent. Ils sont répandus dans toutes les
Indes : mais leur collège est proprement à Banassi [2]. Nous
pourrions pousser plus loin l'exposition des extravagances
25   de la philosophie et de la religion des *Bramines* : mais
leur absurdité, leur nombre et leur durée, ne doivent
rien avoir d'étonnant : un chrétien y voit l'effet de la
colère céleste. Tout se tient dans l'entendement humain;
l'obscurité d'une idée se répand sur celles qui l'envi-
30   ronnent : une erreur jette des ténèbres sur des vérités
contiguës; et s'il arrive qu'il y ait dans une société des

---

1. Nom du Bouddha en Chine. — 2. Benarès, ville de l'Inde, capitale religieuse.

gens intéressés à former, pour ainsi dire, des centres
de ténèbres, bientôt le peuple se trouve plongé dans
une nuit profonde. Nous n'avons point ce malheur à
35 craindre : jamais les centres de ténèbres n'ont été plus
rares et plus resserrés qu'aujourd'hui : la Philosophie
s'avance à pas de géant, et la lumière l'accompagne et
la suit. *Voyez* dans la nouvelle édition de M. de Voltaire
la *lettre d'un Turc sur les Bramines* [1].

(Diderot)

CAPUCHON

Capuchon, s. m. (Hist. ecclés.), espèce de vêtement à l'usage
des Bernardins [2], des Bénédictins [3], etc. Il y a deux sortes
de *capuchons*; l'un blanc, fort ample, que l'on porte dans
les occasions de cérémonie : l'autre noir, qui est une partie
5 de l'habit ordinaire.

Le P. Mabillon [4] prétend que le *capuchon* était dans son
origine, la même chose que le scapulaire [5]. Mais l'auteur
de l'Apologie pour l'empereur Henri IV, distingue deux
espèces de *capuchon*; l'une était une robe qui descendait
10 de la tête jusqu'aux pieds, qui avait des manches, et dont
on se couvrait dans les jours et les occasions remarquables;
l'autre une sorte de camail [6] pour les autres jours : c'est ce
dernier qu'on appelait proprement *scapulaire* [7], parce qu'il
n'enveloppait que la tête et les épaules.

15 *Capuchon*, se dit plus communément d'une pièce d'étoffe
grossière, taillée et cousue en cône, ou arrondie par le
bout, dont les Capucins [8], les Récollets [9], les Cordeliers [10],
et d'autres religieux mendiants, se couvrent la tête. Le
capuchon fut autrefois l'occasion d'une grande guerre
20 entre les Cordeliers. L'ordre fut divisé en deux factions,
les frères spirituels, et les frères de communauté. Les uns

---

1. Dans *Babadec et les fakirs*. — 2. A l'origine, les religieux de Clairvaux, abbaye de
l'ordre de Cîteaux; puis tous les religieux cisterciens. — 3. Ordre remontant au VIe siècle,
fondé par saint Benoît à l'abbaye du mont Cassin. — 4. Bénédictin érudit (1632-1707). —
5. Primitivement, ample vêtement de travail des bénédictins. — 6. Court manteau à capuchon. — 7. « Qui couvre les épaules ». — 8. Fraction de l'ordre des Franciscains, qui
adopta en 1526 un capuchon plus ample et plus pointu que celui des autres membres de
l'ordre. — 9. Religieux séparés des Franciscains en 1480, et dont le capuchon est ample et
de forme carrée. — 10. Franciscains amenés en France par saint Louis, ainsi nommés
d'après la grosse corde qu'ils portaient en guise de ceinture.

voulaient le *capuchon* étroit, les autres le voulaient large.
La dispute dura plus d'un siècle avec beaucoup de chaleur
et d'animosité, et fut à peine terminée par les bulles [1] des
25 quatre papes Nicolas IV [2], Clément V [3], Jean XXII [4] et
Benoît XII [5]. Les religieux de cet ordre ne se rappellent
à présent cette contestation qu'avec le dernier mépris.
Cependant, si quelqu'un s'avisait aujourd'hui de traiter
le scotisme [6] comme il le mérite, quoique les futilités du
30 docteur subtil soient un objet moins important encore
que la forme du coqueluchon [7] de ses disciples, je ne doute
point que l'agresseur n'eût une querelle fort vive à soutenir, et qu'il ne s'attirât bien des injures.
    Mais un Cordelier qui aurait du bon sens, ne pourrait-il
35 pas dire aux autres avec raison : « Il me semble, mes pères,
» que nous faisons trop de bruit pour rien : les injures qui
» nous échapperont ne rendront pas meilleur l'ergotisme [8]
» de Scot [6]. Si nous attendions que la saine philosophie,
» dont les lumières se répandent partout, eût pénétré un
40 » peu plus avant dans nos cloîtres, peut-être trouverions-
» nous alors les rêveries de notre docteur aussi ridicules
» que l'entêtement de nos prédécesseurs sur la mesure
» de notre *capuchon*. » *Voyez les articles* Cordeliers et
Scotisme.

                                              (Diderot)

● **La méthode des renvois** (voir p. 86, l. 59 et suiv.)

L'article *Capuchon* constitue un témoignage sur l'hostilité manifestée par les philosophes du XVIIIe siècle envers le clergé régulier, considéré comme un corps de parasites.
L'article *Cordelier* présente sous un jour relativement favorable
les cordeliers, mais renvoie à l'article *Capuchon* à propos de leur
costume.

① Comment Diderot ridiculise-t-il les querelles entre les ordres
religieux?

---

1. Décrets pontificaux. — 2. 1288-1292. — 3. 1305-1314. — 4. 1316-1334. — 5.
1334-1342. — 6. Doctrine du franciscain anglais Duns Scot (1274-1308), opposée au
thomisme sur les questions de la grâce, de la liberté et de la prédestination. — 7. Capuchon
(familièrement). — 8. Habitude de discuter sur des minuties (la conjonction latine *ergo*,
donc, revenait sans cesse dans les disputes des théologiens).

CAUCASE

Caucase, s. m. (Myth. et Géogr.), chaîne de montagnes, qui commence au-dessus de la Colchide [1] et finit à la mer Caspienne. C'est là que Prométhée enchaîné [2] eut le foie déchiré par un vautour ou par un aigle. Les habitants de cette contrée prenant, si l'on en croit Philostrate [3], cette fable à la lettre, faisaient la guerre aux aigles, dénichaient leurs petits, et les perçaient avec des flèches ardentes; ou l'interprétant, selon Strabon [4], de la condition malheureuse des humains, ils se mettaient en deuil à la naissance des enfants, et se réjouissaient à leurs funérailles. Il n'y a point de chrétien vraiment pénétré des vérités de sa religion, qui ne dût imiter l'habitant du *Caucase*, et se féliciter de la mort de ses enfants. La mort assure à l'enfant qui vient de naître, une félicité éternelle; et le sort de l'homme qui paraît avoir vécu le plus saintement, est encore incertain. Que notre religion est tout à la fois terrible et consolante!

(Diderot)

CHIRURGIE

Rejetant le rôle subalterne d'aide-soignant dans lequel on confine encore le chirurgien au XVIIIe siècle, Antoine Louis affirme que ce spécialiste doit d'abord être un médecin.

[...] Il faut d'abord connaître la façon et la nécessité d'opérer, le caractère des maux qui exigent l'opération, les difficultés qui naissent de la structure des parties, de leur action, de l'air qui les environne; les règles que prescrivent la cause et les effets du mal; les remèdes que ce mal exige; le temps fixé par les circonstances, par les lois de l'économie [5] animale, et par l'expérience; les accidents qui viennent troubler l'opération, ou qui en indiquent une autre; les mouvements de la nature, et son secours dans les guérisons; les facilités qu'on peut lui prêter; les obstacles qu'elle trouve dans le temps, dans le lieu, dans la saison, etc. Sans ces préceptes détaillés, on ne formerait que des

---

1. La Transcaucasie. — 2. Sur l'ordre de Zeus, qu'il avait offensé en façonnant le premier homme et en dérobant le feu céleste. — 3. Sophiste grec du IIIe siècle. — 4. Auteur d'une *Géographie* (Ier siècle) à caractère historique, inspirée surtout d'une philosophie éclectique. — 5. L'ensemble des parties qui constituent l'organisme.

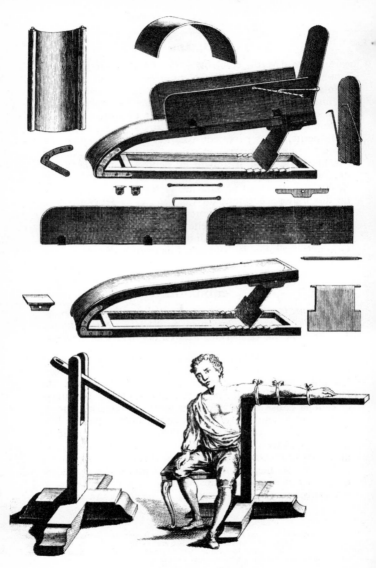

Instruments de chirurgie

opérateurs [1] aveugles et meurtriers; on exposerait les malades aux accidents qui suivent les interventions.

15 Ces connaissances, si nécessaires pour conduire la main, ne renferment pas toutes celles qui forment le chirurgien. [...] L'expérience est la source des principes solides; et toutes les connaissances qui ne seront pas puisées dans l'exercice [2], ne pourront être que de fausses

20 lueurs capables d'égarer l'esprit.

(Antoine Louis)

CHRISTIANISME

[...] Le *christianisme*, je le sais, a eu ses guerres de religion, et les flammes en ont été souvent funestes aux sociétés : cela prouve qu'il n'y a rien de si bon dont la malignité humaine ne puisse abuser. Le fanatisme est une

5 peste [3] qui reproduit de temps en temps des germes capables d'infecter la terre; mais c'est le vice des particuliers et non du *christianisme*, qui par sa nature est également éloigné des fureurs outrées du fanatisme, et des craintes imbéciles de la superstition. La religion rend le païen

10 superstitieux, et le mahométan fanatique : leurs cultes les conduisent là naturellement (voyez *Paganisme*, voyez *Mahométisme*); mais lorsque le chrétien s'abandonne à l'un ou l'autre de ces deux excès, dès lors il agit contre ce que lui prescrit sa religion. En ne croyant rien que ce qui lui

15 est proposé par l'autorité la plus respectable qui soit sur la terre, je veux dire l'Église catholique, il n'a point à craindre que la superstition vienne remplir son esprit de préjugés et d'erreurs. Elle est le partage des esprits faibles et imbéciles, et non de cette société d'hommes

20 qui, perpétuée depuis Jésus-Christ jusqu'à nous, a transmis dans tous les âges la révélation dont elle est la fidèle dépositaire. En se conformant aux maximes d'une religion toute sainte et toute ennemie de la cruauté, d'une religion qui s'est accrue par le sang de ses martyrs, d'une religion

25 enfin qui n'affecte [4] sur les esprits et les cœurs d'autre triomphe que celui de la vérité, qu'elle est bien loin de faire recevoir par des supplices; il ne sera ni fanatique

---

1. Chirurgiens. — 2. La pratique. — 3. Un fléau. — 4. Ne recherche.

ni enthousiaste [1], il ne portera point dans sa patrie le
fer et la flamme, et il ne prendra point le couteau sur
30 l'autel pour faire des victimes de ceux qui refuseront de
penser comme lui.

Vous me direz peut-être que le meilleur remède contre
le fanatisme et la superstition, serait de s'en tenir à une
religion qui prescrivant au cœur une morale pure, ne
35 commanderait point à l'esprit une créance aveugle des
dogmes qu'il ne comprend pas; les voiles mystérieux qui
les enveloppent ne sont propres, dites-vous, qu'à faire
des fanatiques et des enthousiastes. Mais raisonner ainsi,
c'est bien peu connaître la nature humaine : un culte
40 révélé est nécessaire aux hommes; c'est le seul frein qui
les puisse arrêter. La plupart des hommes que la seule
raison guiderait, feraient des efforts impuissants pour
se convaincre des dogmes dont la créance est absolument
essentielle à la conservation des états. Demandez aux
45 Socrates, aux Platons, aux Cicérons, aux Sénèques, ce
qu'ils pensaient de l'immortalité de l'âme; vous les
trouverez flottants et indécis sur cette grande question,
de laquelle dépend toute l'économie de la religion et de
la république [2] : parce qu'ils ne voulaient s'éclairer que
50 du seul flambeau de la raison, ils marchaient dans une
route obscure entre le néant et l'immortalité. La voie des
raisonnements n'est pas faite pour le peuple [3]. Qu'ont
gagné les philosophes avec leurs discours pompeux,
avec leur style sublime, avec leurs raisonnements si arti-
55 ficiellement arrangés? tant qu'ils n'ont montré que
l'homme dans leurs discours, sans y faire intervenir la
Divinité, ils ont toujours trouvé l'esprit du peuple fermé
à tous les enseignements. Ce n'est pas ainsi qu'en agis-
saient les législateurs, les fondateurs d'état, les institu-
60 teurs [4] de religion : pour entraîner les esprits, et les plier
à leurs desseins politiques, ils mettaient entre eux et le
peuple le dieu qui leur avait parlé; ils avaient eu des
visions nocturnes ou des avertissements divins; le ton
impérieux des oracles se faisait sentir dans les discours
65 vifs et impétueux qu'ils prononçaient dans la chaleur de

---

1. Car l'enthousiasme peut lui faire oublier la modération de la raison. — 2. L'État. —
3. Cf. *Aius-locutius*, p. 39. — 4. Ceux qui ont établi une religion.

l'enthousiasme. C'est en revêtant cet extérieur imposant; c'est en tombant dans ces convulsions surprenantes, regardées par le peuple comme l'effet d'un pouvoir surnaturel; c'est en lui présentant l'appas[1] d'un songe ridicule,
70 que l'imposteur de la Mecque[2] osa tenter la foi des crédules humains, et qu'il éblouit les esprits qu'il avait su charmer, en excitant leur admiration et captivant leur confiance. Les esprits fascinés par le charme vainqueur de son éloquence, ne virent plus dans ce hardi et sublime imposteur,
75 qu'un prophète qui agissait, parlait, punissait, ou pardonnait en Dieu. A Dieu ne plaise que je confonde les

---

● **Le scepticisme religieux**

① Montrer que, pour rassurer sur l'orthodoxie de l'article, l'auteur fait un éloge apparent du christianisme, mettant en valeur :
— sa supériorité sur les autres religions;
— sa respectabilité;
— sa nécessité;
— son utilité;
— son aspect humanitaire.

② Souligner l'ironie qui apparaît derrière l'outrance de ces éloges.

③ Quelle est la portée du parallèle entre le vrai christianisme et le christianisme tel qu'il est? Ne peut-on trouver là l'ébauche des arguments de Voltaire contre le fanatisme dans le *Traité sur la tolérance* (1763)?

④ En quoi l'analogie des procédés qui ont permis à toutes les religions de s'imposer prête-t-il à réflexion?

⑤ Mettre en relief la hardiesse des lignes 67-76; *cf.* l'article *Raison* (p. 152).

● **Religion et politique**

L'article est rattaché, par ses sous-titres, aux articles *Théologie* et *Politique;* ainsi se révèle une pensée profonde de l'auteur. Dans *l'Esprit des lois* (1748), Montesquieu venait d'étudier la religion d'un point de vue purement politique (Livre XXV).

⑥ Montrer que l'auteur de l'article s'intéresse surtout à l'utilité politique et sociale de la religion.

⑦ Quels passages annoncent la formule célèbre de Voltaire (*Épître à l'auteur du Livre des trois imposteurs*, 1769) : « Si Dieu n'existait pas, il faudrait l'inventer »?

---

1. L'appât — 2. Mahomet.

révélations dont se justifie à si juste titre le *christianisme*,
avec celles que vantent avec ostentation les autres religions ;
je veux seulement insinuer par là qu'on ne réussit à échauf-
80 fer les esprits, qu'en faisant parler le dieu dont on se dit
l'envoyé, soit qu'il ait véritablement parlé comme dans
le *christianisme* et le judaïsme, soit que l'imposture le fasse
parler comme dans le paganisme et le mahométisme.
Or il ne parle point par la voix du philosophe déiste :
85 une religion ne peut donc être utile qu'à titre de religion
révélée. Voyez *Déisme* et *Révélation*.

COLLÈGE

[...] Un jeune homme après avoir passé dans un *collège*
dix années, qu'on doit mettre au nombre des plus pré-
cieuses de sa vie, en sort, lorsqu'il a le mieux employé
son temps, avec la connaissance très imparfaite d'une
5 langue morte, avec des préceptes de rhétorique et des
principes de philosophie qu'il doit tâcher d'oublier ; souvent
avec une corruption de mœurs dont l'altération de la
santé est la moindre suite ; quelquefois avec des principes
d'une dévotion mal entendue [1], mais plus ordinairement
10 avec une connaissance de la religion si superficielle, qu'elle
succombe à la première conversation impie, ou à la
première lecture dangereuse.
Je sais que les maîtres les plus sensés déplorent ces abus
avec encore plus de force que nous ne faisons ici ; presque
15 tous désirent passionnément qu'on donne à l'éducation
des *collèges* une autre forme : nous ne faisons qu'exposer
ici ce qu'ils pensent, et ce que personne d'entre eux n'ose
écrire : mais le train une fois établi a sur eux un pouvoir
dont ils ne sauraient s'affranchir ; et en matière d'usage,
20 ce sont les gens d'esprit qui reçoivent la loi des sots [...].
La vraie philosophie a beau se répandre en France
de jour en jour, il lui est bien plus difficile de pénétrer
chez les corps que chez les particuliers : ici elle ne trouve
qu'une tête à forcer, si on peut parler ainsi, là elle en
25 trouve mille. L'université de Paris, composée de particuliers qui ne forment d'ailleurs entre eux aucun corps

---

1. Comprise.

régulier ni ecclésiastique, aura moins de peine à secouer le joug des préjugés dont les écoles sont encore pleines. [...]

Il faut substituer des compositions françaises aux compositions latines; introduire l'enseignement des langues étrangères, « comme l'anglais et l'italien, et peut-être l'allemand et l'espagnol »; étudier plus profondément l'histoire; comparer les écrivains anciens avec les auteurs modernes; « apprendre à penser avant que d'écrire ».

30 Dans la philosophie, on bornerait la logique à quelques lignes; la métaphysique, à un abrégé de Locke [1]; la morale purement philosophique, aux ouvrages de Sénèque [2] et d'Épictète [2]; la morale chrétienne, au sermon de Jésus-Christ sur la montagne; la physique, aux expériences et à la géométrie, qui est de toutes les logiques et physiques 35 la meilleure.

On voudrait enfin qu'on joignît à ces différentes études, celle des beaux-arts, et surtout de la musique, étude si propre pour former le goût, et pour adoucir les mœurs. [...]

Ce plan d'études irait, je l'avoue, à multiplier les maîtres 40 et le temps de l'éducation. Mais :

1º Il me semble que les jeunes gens en sortant plus tard du *collège*, y gagneraient de toutes manières, s'ils en sortaient plus instruits;

2º Les enfants sont plus capables d'application et d'intel-45 ligence qu'on ne le croit communément; j'en appelle à l'expérience; et si, par exemple, on leur apprenait de bonne heure la géométrie, je ne doute point que les prodiges et

---

● **L'enseignement**

① Montrer que d'Alembert :

— condamne les méthodes et les programmes des Jésuites (dont les collèges, visés par l'article, seront supprimés en 1763);

— suggère un plan d'études d'inspiration très moderne;

— considère l'éducation et l'enseignement comme relevant de l'État.

---

1. Voir p. 28, note 1. — 2. Dont d'Alembert admire la morale stoïcienne.

les talents précoces en ce genre ne fussent beaucoup plus
fréquents : il n'est guère de science dont on ne puisse
50 instruire l'esprit le plus borné, avec beaucoup d'ordre et
de méthode; mais c'est là pour l'ordinaire par où l'on
pêche;

3° Il ne serait pas nécessaire d'appliquer tous les
enfants à tous ces objets à la fois; on pourrait ne les
55 montrer que successivement; quelques-uns pourraient
se borner à un certain genre; et dans cette quantité prodi-
gieuse, il serait bien difficile qu'un jeune homme n'eût
du goût pour aucun. Au reste c'est au gouvernement,
comme je l'ai dit, à faire changer là-dessus la routine et
60 l'usage; qu'il parle, et il se trouvera assez de bons citoyens
pour proposer un excellent plan d'études. [...]

(d'Alembert)

CORRUPTION

Corruption, s. f. en *Philosophie*, est l'état par lequel une
chose cesse d'être ce qu'elle était; on peut dire que le
bois est *corrompu* quand nous ne le voyons plus subsister,
et qu'au lieu du bois nous trouvons du feu : de même l'œuf
5 est *corrompu* quand il cesse d'être un œuf et que nous
trouvons un poulet à sa place; car *corruption* n'est pas pris
ici dans le sens vulgaire. De là cet axiome de Philosophie,
que *la corruption d'une chose est la génération d'une autre.*

La *corruption* diffère donc de la *génération*, comme deux
10 contraires diffèrent l'un de l'autre. [...]

Mais comme dans la génération aucune matière n'est
véritablement créée, ainsi dans la *corruption* rien n'est
réellement anéanti, que cette modification particulière qui
constituait la forme d'un être et qui le déterminait à être
15 de telle ou telle espèce.

Les anciens croyaient que plusieurs insectes s'engen-
draient par *corruption*. On regarde aujourd'hui cette
opinion comme une erreur, quoiqu'elle paraisse appuyée
par des expériences journalières. En effet, ce qui se corrompt
20 produit toujours des vers : mais ces vers n'y naissent que
parce que d'autres insectes y ont déposé leurs œufs. Une
expérience sensible prouve cette vérité.

Prenez du bœuf tout nouvellement tué; mettez-en un
morceau dans un pot découvert, et un autre morceau dans

25 un pot bien net, que vous couvrirez sur-le-champ avec une
pièce d'étoffe de soie, afin que l'air y passe sans qu'aucun
insecte y puisse déposer ses œufs. Il arrivera au premier
morceau ce qui est ordinaire; il se couvrira de vers, parce
que les mouches y font leurs œufs en liberté; l'autre
30 morceau s'altérera par le passage de l'air, se flétrira, se
réduira en poudre par l'évaporation; mais on n'y trouvera
ni œufs, ni vers, ni mouches. Tout au plus les mouches
attirées par l'odeur viendront en foule sur le couvercle,
essayeront d'entrer, et jetteront quelques œufs sur l'étoffe
35 de soie, ne pouvant entrer plus avant. [...]

Cependant, quelques Philosophes modernes paraissent
encore favorables à l'opinion ancienne de la génération
par *corruption*, du moins en certains cas. M. de Buffon,
dans son *Histoire naturelle*, paraît incliner à cette opinion.
40 Après avoir exposé son système des molécules organiques [1],
dont il sera parlé à l'article *Génération*, il en conclut qu'il
y a peut-être autant d'êtres, soit vivants, soit végétants,
qui se produisent par l'assemblage fortuit des molécules
organiques, qu'il y en a qui se produisent par la voie
45 ordinaire de la génération; c'est, dit-il, à la production
de cette espèce d'êtres qu'on doit appliquer l'axiome des
anciens, *corruptio unius generatio alterius* [2]. Les anguilles
qui se forment dans la colle faite avec de la farine, n'ont

● **Biologie et philosophie**

*La question de la génération des animaux est un miroir particuliè-
rement clair de la vie intellectuelle du XVIIIᵉ siècle. Les préoccupations philosophiques ou religieuses y interviennent avec plus de
force qu'ailleurs, car elle pose nécessairement tous les problèmes
de la vie, du pouvoir de la nature, de l'ordre du monde et de la
connaissance* (Jacques Roger, *les Sciences de la vie dans la pensée
française du XVIIIᵉ siècle*, p. 765).

① Montrer que d'Alembert, un siècle avant Pasteur, ruine la
théorie de la génération spontanée.

② Quelle difficulté soulève la théorie des molécules organiques
soutenue par Buffon? Sur quel terrain se place la réfutation de
d'Alembert?

---

1. Parties organiques vivantes, dont la substance est la même que celles des êtres orga-
nisés et dont l'existence explique, selon Buffon, l'apparition de la vie. — 2. « La corruption de l'un est la génération de l'autre. »

pas d'autre origine, selon lui, que la réunion des molécules
50 organiques de la partie la plus substantielle du grain. Les
premières anguilles qui paraissent, dit-il, ne sont certainement pas produites par d'autres anguilles; cependant,
quoique non engendrées, elles en engendrent d'autres
vivantes. On peut voir sur cela un plus grand détail dans
55 l'endroit que nous abrégeons. On ne peut nier que généralement parlant les particules qui composent un insecte
ne puissent être rassemblées par une autre voie que par
celle de la génération : du moins nous connaissons trop peu
les voies et le mécanisme de la nature pour avancer là-
60 dessus une assertion trop exclusive. Il est certain par
l'expérience, que dans la plupart des cas où les insectes
paraissent engendrés par *corruption*, ils le sont par génération; mais est-il démontré dans tous les cas, que la
corruption ne puisse jamais engendrer de corps animé?
65 c'est ce qu'il faut bien se garder d'affirmer d'une manière
positive. Au reste, M. de Buffon lui-même avoue qu'il
lui faudrait plus d'observations pour établir entre ces
êtres ainsi engendrés, des classes et des genres.

(d'Alembert)

CRITIQUE

[...] Comme l'histoire sainte est révélée, il serait impie de
la soumettre à l'examen de la raison; mais il est une manière
de la discuter pour le triomphe même de la foi. Comparer
les textes, et les concilier entre eux; rapprocher les événe-
5 ments des prophéties qui les annoncent; faire prévaloir
l'évidence morale à [1] l'impossibilité physique; vaincre la
répugnance de la raison par l'ascendant [2] des témoignages;
prendre la tradition dans sa source, pour la présenter dans
toute sa force; exclure enfin du nombre des preuves de
10 la vérité tout argument vague, faible ou non concluant,
espèce d'armes communes à toutes les religions, que le
faux zèle emploie et dont l'impiété se joue : tel serait l'emploi du *critique* dans cette partie. [...]
Dans l'histoire profane, donner plus ou moins d'autorité
15 aux faits, suivant leur degré de possibilité, de vraisemblance, de célébrité, et suivant les poids des témoignages

---

1. Sur. — 2. L'autorité.

qui les confirment : examiner le caractère et la situation des historiens; s'ils ont été libres de dire la vérité, à portée de la connaître, en état de l'approfondir, sans
20 intérêt de la déguiser : pénétrer après eux dans la source des événements, apprécier leurs conjectures, les compa-rer entre eux et les juger l'un par l'autre : quelles fonc-tions pour un *critique;* et s'il veut s'en acquitter, combien de connaissances à acquérir! Les mœurs, le naturel des
25 peuples, leurs intérêts respectifs, leurs richesses et leurs forces domestiques, leurs ressources étrangères, leur éducation, leurs lois, leurs préjugés et leurs principes; leur politique au dedans, leur discipline au dehors; leur manière de s'exercer, de se nourrir, de s'armer et de com-
30 battre; les talents, les passions, les vices, les vertus de ceux qui ont présidé aux affaires publiques; les sources des projets, des troubles, des révolutions, des succès et des revers; la connaissance des hommes, des lieux et des

---

● **La critique biblique**

① Comment Marmontel applique-t-il les principes de la critique scientifique à l'histoire sacrée?

Diderot pose les principes d'une critique biblique dans les articles *Bible* et *Canon*, où il reprend des objections déjà émises par lui dans plusieurs des *Pensées philosophiques*, notamment la soixantième : établissement des textes canoniques contestable, prolifération des versions, corruption de la lettre, livres apo-cryphes, difficultés pour restituer le texte en l'absence de toute autorité sûre.

● **La critique historique**

② Quelles matières nouvelles Marmontel, à la suite de Voltaire, assigne-t-il à l'historien?

● **La méthode scientifique**

③ Dégager les règles de la recherche scientifique exposées briè-vement dans le dernier paragraphe.

Marmontel renvoie le lecteur au petit livre de Diderot, *De l'Inter-prétation de la nature,* paru en novembre 1753, en même temps que le tome III de l'*Encyclopédie* et qui constitue un essai hardi et foisonnant sur la méthode expérimentale. Paul Vernière y voit « un appendice philosophique à l'Encyclopédie, à égale distance du *Prospectus* de 1750 et du fameux article *Encyclopédie* du tome V (1755), destiné à maintenir l'attention du public sur l'intention générale de l'œuvre » (Diderot, édition des *Œuvres philosophiques,* p. 168).

35 temps; enfin tout ce qui en morale et en physique peut concourir à former, à entretenir, à changer, à détruire et à rétablir l'ordre des choses humaines, doit entrer dans le plan d'après lequel un savant discute l'histoire. [...]

Pour réduire en règles l'investigation des vérités phy-
40 siques, le *critique* devrait tenir le milieu et les extrémités de la chaîne; un chaînon qui lui échappe, est un échelon qui lui manque pour s'élever à la démonstration. Cette méthode sera longtemps impraticable. Le voile de la nature est pour nous comme le voile de la nuit, où dans une immense obscurité brillent quelques points de lumière; et il n'est
45 que trop prouvé que ces points lumineux ne sauraient se multiplier assez pour éclairer leurs intervalles. Que doit donc faire le *critique*? observer les faits connus; en déter-miner, s'il se peut, les rapports et les distances; rectifier les faux calculs et les observations défectueuses; en un
50 mot, convaincre l'esprit humain de sa faiblesse, pour lui faire employer utilement le peu de force qu'il épuise en vain; et oser dire à celui qui veut plier l'expérience à ses idées : *Ton métier est d'interroger la nature, non de la faire parler.* (Voyez les pensées sur l'interp. de la nat., ouvrage [1]
55 que nous réclamons ici, comme appartenant au diction-naire des connaissances humaines, pour suppléer à ce qui manque aux nôtres de profondeur et d'étendue.) [...]

(Marmontel)

CRUAUTÉ

[...] Mais le zèle destructeur inspire surtout la *cruauté*, et une *cruauté* d'autant plus affreuse, qu'on l'exerce tranquil-lement par de faux principes qu'on suppose légitimes. Voilà quelle a été la source des barbaries incroyables
5 commises par les Espagnols sur les Maures, les Américains, et les habitants des Pays-Bas. On rapporte que le Duc d'Albe [2] fit passer dix-huit mille personnes par les mains du bourreau pendant les six années de son gouverne-ment; et ce barbare eut une fin paisible, tandis qu'Henri IV
10 fut assassiné.

---

1. Voir, p. 73, *la Méthode scientifique*. — 2. Général de Charles-Quint et de Philippe II, il vécut de 1508 à 1582.

Lorsque la superstition, dit un des beaux esprits du siècle, répandit en Europe cette maladie épidémique nommée *croisade*, c'est-à-dire ces voyages d'outre-mer prêchés par les moines, encouragés par la politique de la Cour de
15 Rome, exécutés par les Rois, les Princes de l'Europe et leurs vassaux, on égorgea tout dans Jérusalem, sans distinction de sexe ni d'âge; et quand les croisés arrivèrent au Saint-Sépulcre, ornés de leurs croix encore toutes dégouttantes du sang des femmes qu'ils venaient de massacrer après
20 les avoir violées, ils baisèrent la terre et fondirent en larmes. Tant la nature humaine est capable d'associer extravagamment une religion douce et sainte avec le vice détestable qui lui est le plus opposé [...]

(De Jaucourt)

DÉCIMAL

D'Alembert expose la manière d'effectuer différentes opérations sur les fractions décimales, puis se fait le défenseur du système décimal.

Il serait très à souhaiter que toutes les divisions, par exemple de la livre, du sou, de la toise, du jour, de l'heure, etc., fussent de 10 en 10; cette division rendrait le calcul beaucoup plus aisé et plus commode, et serait
5 bien préférable à la division arbitraire de la livre en 20 sous, du sou en 12 deniers [1], du jour en 24 heures, de l'heure en 60 minutes, etc.

(D'Alembert)

DROIT NATUREL

[...] Si nous ôtons à l'individu le droit de décider de la nature du juste et de l'injuste, où porterons-nous cette grande question? Où? Devant le genre humain : c'est à lui seul qu'il appartient de la décider, parce que le
5 bien de tous est la seule passion qu'il ait. Les volontés particulières sont suspectes; elles peuvent être bonnes ou méchantes, mais la volonté générale est toujours bonne : elle n'a jamais trompé, elle ne trompera jamais. [...]
C'est à la volonté générale que l'individu doit s'adres-
10 ser pour savoir jusqu'où il doit être homme, citoyen,

---

1. Le système métrique ne sera adopté, en France, qu'en 1791.

sujet, père, enfant, et quand il lui convient de vivre ou de
mourir. C'est à elle à fixer les limites de tous les devoirs.
Vous avez le *droit naturel* le plus sacré à tout ce qui ne
vous est point contesté par l'espèce entière. C'est elle qui
15 vous éclairera sur la nature de vos pensées et de vos
désirs. Tout ce que vous concevrez, tout ce que vous médi-
terez sera bon, grand, élevé, sublime, s'il est de l'intérêt
général et commun. Il n'y a de qualité essentielle à votre
espèce, que celle que vous exigez dans tous vos semblables
20 pour votre bonheur et pour le leur.

[...] Dites-vous souvent : Je suis homme, et je n'ai
d'autres *droits naturels* véritablement inaliénables que
ceux de l'humanité. [...]

Si vous méditez donc attentivement tout ce qui pré-
25 cède, vous resterez convaincu :

1º que l'homme qui n'écoute que sa volonté particulière,
est l'ennemi du genre humain;

2º que la volonté générale est dans chaque individu un
acte pur de l'entendement qui raisonne dans le silence des
30 passions sur ce que l'homme peut exiger de son semblable,
et sur ce que son semblable est en droit d'exiger de lui;

3º que cette considération de la volonté générale de
l'espèce et du désir commun, est la règle de la conduite
relative d'un particulier à un particulier dans la même
35 société; d'un particulier envers la société dont il est
membre, et de la société dont il est membre, envers les
autres sociétés;

4º que la soumission à la volonté générale est le lien
de toutes les sociétés, sans en excepter celles qui sont
40 formées par le crime. Hélas, la vertu est si belle, que les
voleurs en respectent l'image dans le fond même de leurs
cavernes;

5º que les lois doivent être faites pour tous, et non
pour un [...] ;

45 6º que puisque des deux volontés, l'une générale, et
l'autre particulière, la volonté générale n'erre jamais,
il n'est pas difficile de voir à laquelle il faudrait pour le
bonheur du genre humain que la puissance législative
appartînt; et quelle vénération l'on doit aux mortels
50 augustes dont la volonté particulière réunit et l'autorité
et l'infaillibilité de la volonté générale;

7° que quand on supposerait la notion des espèces dans un flux perpétuel, la nature du *droit naturel* ne changerait pas, puisqu'elle serait toujours relative à la volonté générale, et au désir commun de l'espèce entière;

8° que l'équité est à la justice comme la cause est à son effet, ou que la justice ne peut être autre chose que l'équité déclarée;

9° enfin, que toutes ces conséquences sont évidentes pour celui qui raisonne, et que celui qui ne veut pas raisonner, renonçant à la qualité d'homme, doit être traité comme un être dénaturé.

(Diderot)

● **Droit naturel et volonté générale**

L'article *Droit naturel* donne un fondement philosophique à la théorie du contrat social développée dans *Autorité politique* : « Diderot audacieusement laïcise la notion de droit naturel qui n'est plus, comme chez Voltaire, le reflet de Dieu dans la créature, mais le reflet en nous de la volonté générale. A l'immanence divine, *est Deus in nobis*, succède l'immanence de la société humaine, *est in nobis societas humana*. Dès lors la volonté générale, qui s'exerce dans le sens de l'utilité de tous, fonde non seulement la moralité de nos actions, mais la légitimité politique : le souverain est l'incarnation temporaire de cette volonté; son rôle est de promouvoir l'humanité dans la société des hommes » (P. Vernière, *Diderot, Œuvres politiques*, p. 25).

● **Diderot et Rousseau**

Hans Barth, dans l'article *Volonté générale, volonté particulière*, du recueil collectif *Rousseau et la philosophie politique*, 1965, p. 45, constate que les formules de Diderot non seulement annoncent les définitions de Rousseau dans *le Contrat social*, mais coïncident avec elles de manière surprenante.

① A quels passages de l'article *Droit naturel* correspondent ces phrases du *Contrat social?*
Si l'opposition des intérêts particuliers a rendu nécessaire l'établissement des sociétés, c'est l'accord de ces mêmes intérêts qui l'a rendu possible (II, 1).
La volonté particulière tend par sa nature aux préférences et la volonté générale à l'égalité (II, 1).
La volonté générale est toujours droite et tend toujours à l'utilité publique (II, 3).
La souveraineté, n'étant que l'exercice de la volonté générale, ne peut jamais s'aliéner (II, 3).

ÉCLECTISME

Éclectisme, s. m. (Hist. de la philosophie ancienne et mod.).
L'éclectique est un philosophe qui foulant aux pieds
le préjugé, la tradition, l'ancienneté, le consentement
universel, l'autorité, en un mot tout ce qui subjugue la
5 foule des esprits, ose penser de lui-même, remonter aux
principes généraux les plus clairs, les examiner, les discuter, n'admettre rien que sur le témoignage de son expérience et de sa raison; et de toutes les philosophies, qu'il a
analysées sans égard et sans partialité, s'en faire une parti-
10 culière et domestique [1] qui lui appartienne : je dis, *une*
philosophie particulière et domestique, parce que l'ambition
de l'éclectique est moins d'être le précepteur du genre
humain, que son disciple; de réformer les autres, que de
se réformer lui-même; d'enseigner la vérité, que de la
15 connaître. Ce n'est point un homme qui plante ou qui
sème; c'est un homme qui recueille et qui crible. Il jouirait
tranquillement de la récolte qu'il aurait faite, il vivrait
heureux, et mourrait ignoré, si l'enthousiasme, la vanité,
ou peut-être un sentiment plus noble, ne le faisait sortir de
20 son caractère. [...]

(Diderot)

● **Une philosophie éclectique**

L'éclectique, dit Littré, est « un philosophe qui admet ce que
chaque système paraît offrir de bon ».

① Ce court extrait d'un très long article de 74 pages n'exprime-
t-il pas l'idéal philosophique de DIDEROT en 1755?

ÉCOLE

École (*philosophie de l'*). On désigne par ces mots l'espèce
de philosophie qu'on nomme autrement et plus communément *scholastique* [2], qui a substitué les mots aux choses, et
les questions frivoles ou ridicules, aux grands objets de la
5 véritable philosophie; qui explique par des termes barbares des choses intelligibles. [...]

---

1. Individuelle. — 2. Enseignée dans les écoles depuis le Moyen Age.

Cette philosophie est née de l'esprit et de l'ignorance. On peut rapporter son origine, ou du moins sa plus brillante époque, au xiie siècle, dans le temps où l'université de Paris a commencé à prendre une forme éclatante et durable. Le peu de connaissances qui était alors répandu dans l'univers, le défaut de livres, d'observations, et le peu de facilité qu'on avait à s'en procurer, tournèrent tous les esprits du côté des questions oisives; on raisonna sur les abstractions, au lieu de raisonner sur les êtres réels [...].

C'est à Descartes que nous avons l'obligation principale d'avoir secoué le joug de cette barbarie; ce grand homme nous a détrompés de la philosophie de l'*école* [1] (et peut-être même, sans le vouloir, de la sienne; mais ce n'est pas de quoi il s'agit ici). L'université de Paris, grâce à quelques professeurs vraiment éclairés, se délivre insensiblement de cette lèpre; cependant elle n'en est pas encore tout à fait guérie. Mais les universités d'Espagne et de Portugal, grâce à l'inquisition qui les tyrannise, sont beaucoup moins avancées; la philosophie y est encore dans le même état où elle a été parmi nous depuis le xiie jusqu'au xviie siècle; les professeurs jurent même de n'en jamais enseigner d'autre : cela s'appelle prendre toutes les précautions possibles contre la lumière . [...]

(d'Alembert)

ÉCONOMIE

Économie ou **œconomie** (Morale et Politique), ce mot vient de οιϰος, *maison*, et de νομος, *loi*, et ne signifie ordinairement que le sage et légitime gouvernement de la maison, pour le bien commun de toute la famille. Le sens de ce terme a été dans la suite étendu au gouvernement de la grande famille, qui est l'état. Pour distinguer ces deux acceptions, on l'appelle dans ce dernier cas, *économie générale*, ou *politique;* et dans l'autre cas, *économie domestique* [2], ou *particulière*. Ce n'est que de la première qu'il est question dans cet article. [...]

---

1. La connaissance véritable. — 2. Rousseau abordera ce sujet dans *la Nouvelle Héloïse*, qui traite des domestiques (IV, 10), de la manière de vivre des maîtres et de leurs biens (V, 2), de l'éducation des enfants (V, 3).

En effet, le pouvoir civil et le pouvoir paternel n'ont rien de commun : ils diffèrent en grandeur, reposent sur des principes distincts — les sentiments naturels pour le père, les conventions pour les chefs —, et leurs conceptions de la propriété divergent.

Je prie mes lecteurs de bien distinguer encore l'*économie publique* dont j'ai à parler, et que j'appelle *gouvernement*, de l'autorité suprême que j'appelle *souveraineté ;* distinction qui consiste en ce que l'une a le droit législatif et
15 oblige en certains cas le corps même de la nation, tandis que l'autre n'a que la puissance exécutrice [1], et ne peut obliger que les particuliers. [...]

Le corps politique est aussi un être moral [2] qui a une volonté; et cette volonté générale, qui tend toujours à
20 la conservation et au bien-être du tout et de chaque partie, et qui est la source des lois, est pour tous les membres de l'état par rapport à eux et à lui, la règle du juste et de l'injuste; vérité qui, pour le dire en passant, montre avec combien de sens tant d'écrivains [3] ont traité de vol la subti-
25 lité prescrite aux enfants de Lacédémone, pour gagner leur frugal repas [4], comme si tout ce qu'ordonne la loi pouvait ne pas être légitime. *Voy. au mot* DROIT [5], la source de ce grand et lumineux principe, dont cet article est le développement [...].

L'étude de l'économie politique se ramène à l'exposé des fonctions gouvernementales et exclut de son propos l'analyse de la souveraineté.

30 I. La première et plus importante maxime du gouvernement légitime ou populaire, c'est-à-dire, de celui qui a pour objet le bien du peuple, est donc, comme je l'ai dit, de suivre en tout la volonté générale; mais, pour la suivre, il faut la connaître, et surtout la bien distinguer de la

---

1. Exécutive. Rousseau utilise le terme employé par Montesquieu (*Esprit des lois*, IX, 6). — 2. La formule annonce l'idée de l'État conçu comme un organisme, idée qui domine tout *le Contrat social*. — 3. Notamment Hobbes. — 4. « La République de Lacédémone, permettant à la jeunesse de dérober, pourvu qu'elle ne fût pas prise sur le fait, ne faisait autre chose qu'établir une loi » (Hobbes, *Du Citoyen*). — 5. L'article *Droit naturel*, dû à Diderot (voir p. 75).

³⁵ volonté particulière en commençant par soi-même;
distinction toujours fort difficile à faire, et pour laquelle
il n'appartient qu'à la plus sublime vertu de donner de
suffisantes lumières. Comme pour vouloir il faut être libre,
une autre difficulté qui n'est guère moindre, est d'assurer
⁴⁰ à la fois la liberté publique et l'autorité du gouvernement.
Cherchez les motifs qui ont porté les hommes unis par
leurs besoins mutuels dans la grande société, à s'unir plus
étroitement par des sociétés civiles; vous n'en trouverez
point d'autre que celui d'assurer les biens, la vie, et la
⁴⁵ liberté de chaque membre par la protection de tous : or
comment forcer des hommes à défendre la liberté de l'un
d'entre eux, sans porter atteinte à celle des autres? [...]

C'est à la loi seule que les hommes doivent la justice
et la liberté. C'est cet organe salutaire de la volonté de
⁵⁰ tous, qui rétablit dans le droit l'égalité naturelle entre les
hommes. C'est cette voix céleste qui dicte à chaque citoyen
les préceptes de la raison publique, et lui apprend à agir
selon les maximes de son propre jugement, et à n'être pas
en contradiction avec lui-même. C'est elle seule aussi que
⁵⁵ les chefs doivent faire parler quand ils commandent;
car sitôt qu'indépendamment des lois, un homme en
prétend soumettre un autre à sa volonté privée, il sort
à l'instant de l'état civil, et se met vis-à-vis de lui dans
le pur état de nature où l'obéissance n'est jamais prescrite
⁶⁰ que par la nécessité.

II. Seconde règle essentielle de l'*économie* publique, non
moins importante que la première. Voulez-vous que la
volonté générale soit accomplie? Faites que toutes les
volontés particulières s'y rapportent; et comme la vertu
⁶⁵ n'est que cette conformité de la volonté particulière
à la générale, pour dire la même chose en un mot, faites
régner la vertu.

Si les politiques étaient moins aveuglés par leur ambition, [...] ils sentiraient que le plus grand ressort de l'au-
⁷⁰ torité publique est dans le cœur des citoyens, et que rien
ne peut suppléer aux mœurs pour le maintien du gouvernement [1].

---

1. Rousseau reprend les idées de Montesquieu, qui compte davantage sur les mœurs que
sur les peines pour assurer l'autorité des lois et du gouvernement (cf. *Lettres persanes,
S. L. B.*, p. 97, et *l'Esprit des lois*, VI, 12).

Deux moyens peuvent concourir à développer la vertu et le patriotisme : « la protection que l'état doit à ses membres » et l'éducation publique.

III. Ce n'est pas assez d'avoir des citoyens et de les protéger, il faut encore songer à leur subsistance; et pourvoir
[75] aux besoins publics, est une suite évidente de la volonté générale, et le troisième devoir essentiel du gouvernement. Le devoir n'est pas, comme on doit le sentir, de remplir les greniers des particuliers, et les dispenser du travail, mais de maintenir l'abondance tellement à leur portée, que pour

● **Diderot et Rousseau**

L'article, désigné généralement au XVIIIe siècle sous le titre de *Discours sur l'économie politique*, paraît avoir été composé par Rousseau après le *Discours sur l'origine et les fondements de l'inégalité*, pendant les années 1754-1755 où la collaboration et l'amitié entre Diderot et Rousseau sont sans nuages.

Ch. W. Hendel pense même (*Jean-Jacques Rousseau moraliste*, 1934, t. I, p. 98) à un accord entre les deux philosophes pour la répartition du travail : l'un écrivant l'article sur le *Droit naturel*, l'autre l'article sur l'*Économie politique*.

Si l'on prend au pied de la lettre le renvoi (l. 27) à l'article *Droit naturel*, il faut y voir l'aveu explicite que l'idée de volonté générale est due à Diderot. Mais est-il vraisemblable qu'après la rupture entre les deux philosophes, Diderot ait gardé le silence sur un tel emprunt?

● **Le droit de propriété**

① Souligner le désaccord apparent entre cette théorie du droit de propriété (l. 73 et suiv.) et ces lignes du *Discours sur l'inégalité* (II, éd. Gagnebin-Raymond-Starobinski, p. 184) : « Le Droit de propriété n'étant que de convention et d'institution humaine, tout homme peut à son gré disposer de ce qu'il possède : mais il n'en est pas de même des Dons essentiels de la Nature, tels que la vie et la liberté, dont il est permis à chacun de jouir, et dont il est au moins douteux qu'on ait Droit de se dépouiller. »

② Ne peut-on cependant tenter de concilier ces deux passages en se référant à certaines formules du *Contrat social*? « L'ordre social est un droit sacré, qui sert de base à tous les autres. Cependant ce droit ne vient point de la nature; il est donc fondé sur des conventions » (I, 1); voir aussi le chapitre 9 du livre I, *Du domaine* [1] *réel.*

---

1. = De la propriété (terme de jurisprudence).

⁸⁰ l'acquérir le travail soit toujours nécessaire et ne soit
jamais inutile. Il s'étend aussi à toutes les opérations qui
regardent l'entretien du fisc [1], et les dépenses de l'administration publique. Ainsi après avoir parlé de l'*économie*
générale par rapport au gouvernement des personnes,
⁸⁵ il nous reste à la considérer par rapport à l'administration
des biens.

Cette partie n'offre pas moins de difficultés à résoudre,
ni de contradictions à lever que la précédente. Il est certain que le droit de propriété est le plus sacré de tous les
⁹⁰ droits des citoyens, et plus important à certains égards
que la liberté même; soit parce qu'il tient de plus près à la
conservation de la vie; soit parce que les biens étant plus
faciles à usurper [2], et plus pénibles à défendre que la personne, on doit plus respecter ce qui se peut ravir plus
⁹⁵ aisément; soit enfin parce que la propriété est le vrai fondement de la société civile, et le vrai garant des engage-
ments des citoyens : car si les biens ne répondaient pas
des personnes, rien ne serait si facile que d'éluder ses
devoirs, et de se moquer des lois. [...]

Le développement d'une économie presque exclusivement
agricole est préférable à l'expansion du commerce, généra-
teur de maux et de vices. Il faut réduire les dépenses de
l'État et faire intervenir la proportion et l'équité dans la
répartition des charges fiscales.   (Rousseau)

ENCYCLOPÉDIE

Encyclopédie, s. f. (Philosoph.). Ce mot signifie *enchaînement*
de connaissances ; il est composé de la préposition Grecque
εν, *en*, et des substantifs κυκλος, *cercle*, et παιδεια,
connaissance.
⁵   En effet, le but d'une *Encyclopédie* est de rassembler les
connaissances éparses sur la surface de la terre; d'en
exposer le système général aux hommes avec qui nous
vivons, et de le transmettre aux hommes qui viendront
après nous; afin que les travaux des siècles passés n'aient
¹⁰ pas été des travaux inutiles pour les siècles qui succède-

---

1. Des finances de l'État. — 2. Prendre.

ront; que nos neveux, devenant plus instruits, deviennent
en même temps plus vertueux et plus heureux, et que
nous ne mourions pas sans avoir bien mérité du genre
humain. [...]

*Condamnant la paralysie de l'Académie française, de
la Sorbonne, de l'Académie des sciences, Diderot insiste sur
la souplesse des liens qui doivent unir les nombreux collaborateurs de l'*Encyclopédie.

15   C'est à l'exécution de ce projet étendu, non seulement aux
différents objets de nos académies, mais à toutes les
branches de la connaissance humaine, qu'une *Encyclopédie*
doit suppléer; ouvrage qui ne s'exécutera que par une
société de gens de lettres et d'artistes, épars, occupés chacun
20   de sa partie, et liés seulement par l'intérêt général du genre
humain, et par un sentiment de bienveillance réciproque.
Je dis une *société de gens de lettres et d'artistes*, afin de
rassembler tous les talents. [...]
       J'ajoute, *des hommes liés par l'intérêt général du genre
25   humain, et par un sentiment de bienveillance réciproque*,
parce que ces motifs étant les plus honnêtes qui puissent
animer des âmes bien nées, ce sont aussi les plus durables.
On s'applaudit intérieurement de ce que l'on fait; on
s'échauffe; on entreprend pour son collègue et pour
30   son ami ce qu'on ne tenterait par aucune autre considération; et j'ose assurer, d'après l'expérience, que le succès
des tentatives en est plus certain. L'*Encyclopédie* a rassemblé ses matériaux en assez peu de temps. Ce n'est
point un vil intérêt qui en a réuni et hâté les auteurs;
35   ils ont vu leurs efforts secondés par la plupart des gens
de lettres dont ils pouvaient attendre quelques secours;
et ils n'ont été importunés dans leurs travaux que par
ceux qui n'avaient pas le talent nécessaire pour y contribuer seulement d'une bonne page.

*Diderot constate ensuite l'étonnant progrès des connais-
sances humaines et insiste sur le caractère « humain »
qu'il faut donner à la science.*

40   Une considération, surtout, qu'il ne faut point perdre de
vue, c'est que si l'on bannit l'homme ou l'être pensant

et contemplateur de dessus la surface de la terre, ce spectacle pathétique et sublime de la nature n'est plus qu'une scène triste et muette. L'univers se tait; le silence
45 et la nuit s'en emparent. Tout se change en une vaste solitude où les phénomènes inobservés se passent d'une manière obscure et sourde. C'est la présence de l'homme qui rend l'existence des êtres intéressante; et que peut-on se proposer de mieux dans l'histoire de ces êtres, que
50 de se soumettre à cette considération? Pourquoi n'intro-duirons-nous pas l'homme dans notre ouvrage, comme il est placé dans l'univers? Pourquoi n'en ferons-nous pas un centre commun? Est-il dans l'espace infini quelque point d'où nous puissions, avec plus d'avantage, faire
55 partir les lignes immenses que nous nous proposons

● **L'homme au centre de la nature**

Les lignes 40-58 constituent à certains égards un prolongement aux *Pensées sur l'interprétation de la nature* :

Il est facile de voir que Diderot transpose ici sur le plan de la connaissance une exigence intime que les Pensées philosophiques avaient exprimée sur le plan moral et religieux, à savoir de tout ramener à l'homme. L'athéisme de Diderot n'est qu'une forme de cette exigence fondamentale, unique en son principe et double en son expression : il faut rejeter la notion de Dieu parce que, sur le plan de la morale, elle nuit au bonheur de l'homme en le mettant en contra-diction avec lui-même, et au bonheur des hommes en créant le fanatisme et la discorde, et parce que, sur le plan de la connaissance, elle rend toute science impossible en ramenant tout à une théologie (Jacques Roger, *Les Sciences de la vie dans la pensée française du XVIIIᵉ siècle*, p. 615).

Diderot introduit dans l'*Encyclopédie* la doctrine matérialiste par fragments qu'il faut rapprocher pour donner son sens véritable à la partie philosophique du dictionnaire :

« *On apprend, dans l'article* Encyclopédie, *que tout se tient dans l'univers, dans* Fortuit *que l'idée de hasard n'a d'autre fondement que l'ignorance où nous sommes de la totalité des liaisons causales, dans* Imparfait *que le monstre est aussi nécessaire en nature que l'animal parfait, dans* Imperceptible *qu'on ne peut discerner où cesse la nature vivante et où commence la matière brute, dans* Impérissable *que la matière est éternelle et perpétuellement en mouvement, dans* Invariable *que tout dans la nature est sujet au changement, dans* Néant *qu'il est plus aisé de se représenter une matière éternelle que le néant qui aurait précédé une création ex nihilo* (Jacques Proust, *Diderot et l'Encyclopédie*, p. 290-291).

d'étendre à tous les autres points? Quelle vive et douce
réaction n'en résultera-t-il pas des êtres vers l'homme,
de l'homme vers les êtres?

*La nécessité d'un équilibre entre les matières traitées
dans l'*Encyclopédie *constitue une source de difficultés pour
l'élaboration de l'ouvrage. Quelques considérations de
méthode amènent Diderot à justifier l'artifice des renvois.*

Je distingue deux sortes de renvois : les uns de choses,
60 et les autres de mots. Les renvois de choses éclaircissent
l'objet, indiquent ses liaisons prochaines avec ceux qui
le touchent immédiatement, et ses liaisons éloignées avec
d'autres qu'on en croirait isolés; rappellent les notions
communes et les principes analogues; fortifient les consé-
65 quences; entrelacent la branche au tronc, et donnent au
tout cette unité si favorable à l'établissement de la vérité
et à la persuasion. Mais quand il le faudra, ils produiront
aussi un effet tout contraire; ils opposeront les notions;
ils feront contraster les principes; ils attaqueront, ébran-
70 leront, renverseront secrètement quelques opinions ridicules qu'on n'oserait insulter ouvertement. Si l'auteur
est impartial, ils auront toujours la double fonction de
confirmer et de réfuter, de troubler et de concilier.
Il y aurait un grand art et un avantage infini dans ces
75 derniers renvois. L'ouvrage entier en recevrait une force
interne et une utilité secrète, dont les effets sourds seraient
nécessairement sensibles avec le temps. Toutes les fois,
par exemple, qu'un préjugé national mériterait du respect,
il faudrait à son article particulier l'exposer respectueu-
80 sement, et avec tout son cortège de vraisemblance et de
séduction; mais renverser l'édifice de fange, dissiper un
vain amas de poussière, en renvoyant aux articles où
des principes solides servent de base aux vérités opposées.
Cette manière de détromper les hommes opère très
85 promptement sur les bons esprits, et elle opère infailli-
blement et sans aucune fâcheuse conséquence, secrètement et sans éclat, sur tous les esprits. C'est l'art de
déduire tacitement les conséquences les plus fortes. Si
ces renvois de confirmation et de réfutation sont prévus
90 de loin, et préparés avec adresse, ils donneront à une

Encyclopédie le caractère que doit avoir un bon dictionnaire; ce caractère est de changer la façon commune de penser. L'ouvrage qui produira ce grand effet général, aura des défauts d'exécution; j'y consens. Mais le plan
95 et le fond en seront excellents. L'ouvrage qui n'opérera rien de pareil, sera mauvais. Quelque bien qu'on en puisse dire d'ailleurs, l'éloge passera, et l'ouvrage tombera dans l'oubli.

Les renvois de mots sont très utiles. Chaque science,
100 chaque art a sa langue. Où en serait-on, si toutes les fois qu'on emploie un terme d'art, il fallait, en faveur de la clarté, en répéter la définition? Combien de redites! Et peut-on douter que tant de digressions et de parenthèses, tant de longueurs ne rendissent obscur? [...]
105 Il y a une troisième sorte de renvoi à laquelle il ne faut ni s'abandonner, ni se refuser entièrement; ce sont ceux qui en rapprochant dans les sciences certains rapports, dans des substances naturelles des qualités analogues, dans les arts des manœuvres semblables, conduiraient,
110 ou à de nouvelles vérités spéculatives, ou à la perfection des arts connus, ou à l'invention de nouveaux arts, ou à la restitution d'anciens arts perdus. Ces renvois sont l'ouvrage de l'homme de génie. Heureux celui qui est en état de les apercevoir : il a cet esprit de combinaison,
115 cet instinct que j'ai défini dans quelques-unes de mes *pensées sur l'interprétation de la nature*. [...] Enfin, une dernière sorte de renvoi qui peut être ou de mot, ou de chose, ce sont ceux que j'appellerais volontiers satiriques ou épigrammatiques : tel est, par exemple, celui
120 qui se trouve dans un de nos articles, où à la suite d'un éloge pompeux on lit *Voy. au mot* CAPUCHON. Le mot burlesque *capuchon*, et ce qu'on trouve à l'article *capuchon*, pourrait faire soupçonner que l'éloge pompeux n'est qu'une ironie, et qu'il faut lire l'article avec précaution, et en
125 peser exactement tous les termes. [...]

Avec le recul de l'expérience, Diderot juge l'œuvre et sa création.

Nous avons vu, à mesure que nous travaillions, la matière s'étendre, la nomenclature s'obscurcir, des substances ramenées sous une multitude de noms dif-

férents, les instruments, les machines et les manœuvres
130 se multiplier sans mesure, et les détours nombreux d'un
labyrinthe inextricable se compliquer de plus en plus.
Nous avons vu combien il en coûtait pour s'assurer que
les mêmes choses étaient les mêmes, et combien, pour
s'assurer que d'autres qui paraissaient très différentes,
135 n'étaient pas différentes. Nous avons vu que cette forme
alphabétique, qui nous ménageait à chaque instant des
repos, qui répandait tant de variété dans le travail, et
qui, sous ces points de vue, paraissait si avantageuse à
suivre dans un long ouvrage, avait ses difficultés qu'il
140 fallait surmonter à chaque instant. Nous avons vu qu'elle
exposait à donner aux articles capitaux une étendue
immense, si l'on y faisait entrer tout ce qu'on pouvait
assez naturellement espérer d'y trouver; ou à les rendre
secs et appauvris, si, à l'aide des renvois, on les élaguait,
145 et si l'on en excluait beaucoup d'objets qu'il n'était
pas possible d'en séparer. Nous avons vu combien il
était important et difficile de garder un juste milieu.
Nous avons vu combien il échappait de choses inexactes
et fausses; combien on en omettait de vraies. Nous
150 avons vu qu'il n'y avait qu'un travail de plusieurs siècles,
qui pût introduire entre tant de matériaux rassemblés,
la forme véritable qui leur convenait; donner à chaque
partie son étendue; réduire chaque article à une juste
longueur; supprimer ce qu'il y a de mauvais; suppléer
155 ce qui manque de bon, et finir un ouvrage qui remplît le
dessein qu'on avait formé, quand on l'entreprit. Mais
nous avons vu que de toutes les difficultés, une des plus

● **L'« Encyclopédie » vue par Diderot : méthode et objectifs**

① Quelles formules montrent que l'*Encyclopédie* est une œuvre
« engagée » qui recherche une action en profondeur sur l'esprit
du siècle?

② Le long exposé sur le procédé des renvois (l. 59-125) justifie-t-il
la distinction marquée par Pierre Grosclaude (*op. cit.*, p. 153)
entre les « renvois de confirmation » et les « renvois de destruc-
tion »?

③ Mettre en relief la lucidité et l'enthousiasme qui apparaissent
dans les deux derniers paragraphes (l. 126-179).

considérables, c'était de le produire une fois, quelqu'in-
forme qu'il fût, et qu'on ne nous ravirait pas l'honneur
160 d'avoir surmonté cet obstacle. Nous avons vu que l'*Encyclopédie* ne pouvait être que la tentative d'un siècle philosophe; que ce siècle était arrivé; que la renommée, en
portant à l'immortalité les noms de ceux qui l'achève-
raient, peut-être ne dédaignerait pas de se charger des
165 nôtres; et nous nous sommes sentis ranimés par cette
idée si consolante et si douce, qu'on s'entretiendrait
aussi de nous, lorsque nous ne serions plus; par ce
murmure si voluptueux, qui nous faisait entendre dans
la bouche de quelques-uns de nos contemporains, ce
170 que diraient de nous des hommes à l'instruction et au
bonheur desquels nous nous immolions, que nous esti-
mions et que nous aimions, quoiqu'ils ne fussent pas
encore. [...]
   J'ai dit qu'il n'appartenait qu'à un siècle philosophe de
175 tenter une *Encyclopédie;* et je l'ai dit, parce que cet
ouvrage demande partout plus de hardiesse dans l'esprit,
qu'on n'en a communément dans les siècles pusillanimes
du goût. Il faut tout examiner, tout remuer sans exception
et sans ménagement. [...]

(Diderot)

ENTHOUSIASME

   [...] Si l'enthousiasme, à qui seul nous sommes rede-
vables des belles productions des arts, n'est dû qu'à la
raison comme cause première, si c'est à ce rayon de
lumière plus ou moins brillant, à cette émanation plus
5 ou moins grande d'un Être suprême, qu'il faut rapporter
constamment les prodiges qui sortent des mains de l'humanité, dès lors tous les préjugés nuisibles à la gloire des
Beaux-Arts sont pour jamais détruits, et les artistes
triomphent. On pourra désormais être poète excellent,
10 sans cesser de passer pour un homme sage; un musicien
sera sublime, sans qu'il soit indispensablement réputé pour
fou. On ne regardera plus les hommes les plus rares, comme
des individus presque inutiles. [...]
   Au reste, soit que la vérité triomphe de l'erreur,
15 soit que le préjugé plus puissant demeure le tyran

perpétuel des opinions contemporaines, que nos illustres modernes se consolent et se rassurent : Les ouvrages
du dernier siècle sont regardés maintenant sans contradiction comme des chefs d'œuvre de la raison humaine,
20 et il n'est pas à craindre qu'on ose prétendre qu'ils ont été
faits sans enthousiasme : tel sera le sort dans le siècle
prochain de tous ces divers monuments glorieux aux arts
et à la patrie qui s'élèvent sous nos yeux. [...]

(Louis de Cahusac)

ÉPOPÉE

[...] Un poète qui choisit pour sujet une action dont
l'importance n'est fondée que sur des opinions particulières à certains peuples, se condamne par son choix à
n'intéresser que ces peuples, et à voir tomber avec leurs
5   opinions toute la grandeur de son sujet. Celui de l'*Énéide*,
tel que Virgile pouvait le présenter, était beau pour
tous les hommes; mais dans le point de vue sous lequel le
poète l'a envisagé, il est bien éloigné de cette beauté
universelle; aussi le sujet de l'*Odyssée* comme l'a saisi
10 Homère (abstraction faite des détails), est bien supérieur
à celui de l'*Énéide*. Les devoirs de roi, de père et d'époux
appellent Ulysse à Ithaque; la superstition seule appelle
Énée en Italie. Qu'un héros échappé à la ruine de sa patrie
avec un petit nombre de ses concitoyens, surmonte
15 tous les obstacles pour aller donner une patrie nouvelle
à ses malheureux compagnons, rien de plus intéressant ni
de plus noble. Mais que par un caprice du destin il lui
soit ordonné d'aller s'établir dans tel coin de la terre
plutôt que dans tel autre; de trahir une reine [1] qui s'est
20 livrée à lui, et qui l'a comblé de biens, pour aller enlever à
un jeune prince [2] une femme qui lui est promise [3]; voilà
ce qui a pu intéresser les dévôts de la cour d'Auguste,
et flatter un peuple enivré de sa fabuleuse origine, mais
ce qui ne peut nous paraître que ridicule ou révoltant.
25 Pour justifier Énée, on ne cesse de dire qu'il était pieux; c'est
en quoi nous le trouvons pusillanime: la piété envers des
dieux injustes ne peut être reçue que comme une fiction

---

1. Didon, reine de Carthage, délaissée par Énée, se donne la mort par désespoir
(*Énéide*, IV). — 2. Turnus. — 3. Lavinie, fille du roi Latinus.

puérile, ou comme une vérité méprisable. Ainsi ce que
l'action de l'*Énéide* a de grand est pris dans la nature,
30 ce qu'elle a de petit est pris dans le préjugé.

L'action de l'*épopée* doit donc avoir une grandeur et
une importance universelles, c'est-à-dire indépendantes
de tout intérêt, de tout système, de tout préjugé national,
et fondée sur les sentiments et les lumières invariables
35 de la nature. [...].

(Marmontel)

● **Littérature et philosophie**

L'article établit les qualités qui déterminent l'action d'une
épopée. A un éloge d'Homère succède une analyse critique de
l'*Énéide*.

① Ce problème d'esthétique littéraire ne fournit-il pas l'occasion
d'une condamnation de la superstition?

② Ne peut-on trouver ici un éloge du merveilleux « philosophique » — opposé au merveilleux païen et au merveilleux
chrétien — tel que Voltaire l'a conçu dans sa *Henriade* (1728)?

FERMIERS

Fermiers (Écon. Polit.), sont ceux qui afferment et font valoir
les biens des campagnes, et qui procurent les richesses et les
ressources les plus essentielles pour le soutien de l'état;
ainsi l'emploi du *fermier* est un objet très important dans
5 le royaume, et mérite une grande attention de la part du
gouvernement. [...]

Les habitants des villes croient ingénument que ce sont
les bras des paysans qui cultivent la terre, et que l'agriculture ne dépérit que parce que les hommes manquent
10 dans les campagnes. Il faut, dit-on, en chasser les maîtres
d'écoles, qui par les instructions qu'ils donnent aux
paysans, facilitent leur désertion : on imagine ainsi des
petits moyens, aussi ridicules que désavantageux; on
regarde les paysans comme les esclaves de l'état; la vie
15 rustique paraît la plus dure, la plus pénible, et la plus
méprisable, parce qu'on destine les habitants des campagnes aux travaux qui sont réservés aux animaux. [...]
Dans les provinces riches où la culture est bien entre-
tenue, les paysans ont beaucoup de ressources; ils ense-
20 mencent quelques arpents de terre en blé et autres grains;

ce sont les *fermiers* pour lesquels ils travaillent qui en
font les labours, et c'est la femme et les enfants, qui en
recueillent les produits : ces petites moissons qui leur
donnent une partie de leur nourriture leur produisent
25 des fourrages et des fumiers. Ils cultivent du lin, du
chanvre, des herbes potagères, des légumes de toute
espèce; ils ont des bestiaux et des volailles qui leur fournissent de bons aliments, et sur lesquels ils retirent des
profits; ils se procurent par le travail de la moisson du
30 laboureur, d'autres grains pour le reste de l'année; ils sont
toujours employés aux travaux de la campagne; ils
vivent sans contrainte et sans inquiétude; ils méprisent
la servitude des domestiques, valets, esclaves des autres
hommes; ils n'envient pas le sort du bas peuple qui
35 habite les villes, qui loge au sommet des maisons; qui
est borné à un gain à peine suffisant au besoin présent,
qui étant obligé de vivre sans aucune prévoyance et sans
aucune provision pour les besoins à venir, est continuellement exposé à languir dans l'indigence.
40   Les paysans ne tombent dans la misère et n'abandonnent
la province, que quand ils sont trop inquiétés par les
vexations auxquelles ils sont exposés, ou quand il n'y a
pas de *fermiers* qui leur procurent du travail, et que
la campagne est cultivée par de pauvres métayers [1] bornés
45 à une petite culture, qu'ils exécutent eux-mêmes fort
imparfaitement. La portion que ces métayers retirent
de leur petite récolte, qui est partagée avec le propriétaire,
ne peut suffire que pour leurs propres besoins; ils ne
peuvent réparer ni améliorer les biens.
50   Ces pauvres cultivateurs, si peu utiles à l'état, ne représentent point le vrai laboureur, le riche *fermier* qui cultive
en grand, qui gouverne, qui commande, qui multiplie
les dépenses pour augmenter les profits; qui, ne négligeant
aucun moyen, aucun avantage particulier, fait le bien
55 général; qui emploie utilement les habitants de la campagne, qui peut choisir et attendre les temps favorables
pour le débit de ses grains, pour l'achat et pour la vente
de ses bestiaux.

---

1. Partageant la récolte avec le propriétaire (l. 47).

CL. JEANBOR

Forges. 4ᵉ Section. Refouler le Renard

CL. JEANBOR

Forges. 4ᵉ Section. Parer la Maquette

Ce sont les richesses des *fermiers* qui fertilisent les terres,
60 qui multiplient les bestiaux, qui attirent, qui fixent les
habitants des campagnes, et qui font la force et la prospérité de la nation.

(Quesnay)

*Quesnay réclame ensuite la liberté des échanges et
condamne les industries de luxe[1], responsables de l'exode
rural, ainsi que l'excès des impôts[2] qui pèsent sur les
agriculteurs.*

● **Vers l'économie politique**

① Montrer que Quesnay réhabilite les conditions matérielles
de l'agriculture, jusque là méprisée.

② Souligner les conséquences économiques des idées émises par
Quesnay :
— la disparition de l'agriculture traditionnelle;
— le recours à des capitaux importants;
— la création d'une classe de riches fermiers gérant de vastes
domaines.

Cf. l'article *Laboureur* (anonyme) :
*La culture des terres est une entreprise qui exige beaucoup d'avances,
sans lesquelles elle est stérile et ruineuse. Ce n'est point au travail
des hommes qu'on doit les grandes récoltes; ce sont les chevaux ou
les bœufs qui labourent; ce sont les bestiaux qui engraissent les
terres : une riche récolte suppose nécessairement une richesse précédente à laquelle les travaux, quelque multipliés qu'ils soient, ne
peuvent pas suppléer. Il faut donc que le laboureur soit propriétaire
d'un fonds considérable, soit pour monter la ferme en bestiaux et
en instruments, soit pour fournir aux dépenses journalières dont
il ne commence à recueillir le fruit que près de deux ans après ses
premières avances.*

FORGES

Forges (*grosses*), c'est ainsi qu'on appelle ordinairement
les usines où l'on travaille la mine[3] du fer.

La manufacture du fer, le plus nécessaire de tous les
métaux, a été jusqu'ici négligée. On n'a point encore
5 cherché à connaître et suivre une veine de mine; à lui
donner ou ôter les adjoints nécessaires ou contraires à la

---

1. Voir l'article *Grains*, p. 105. — 2. Voir l'article *Impôt*, p. 114. — 3. Le minerai.

fusion; et la façon de la convertir en fers utiles au public. Les fourneaux et les *forges* sont pour la plupart à la disposition d'ouvriers ignorants. Le point utile serait donc
10 d'apprendre à chercher la mine [1], la fondre, la conduire au point de solidité et de dimension qui constituent les différentes espèces de fer; à le travailler en grand au sortir des *forges*, dans les fonderies, batteries, et fileries; d'où il se distribuerait aux différents besoins de la société. Le fer
15 remue la terre; il ferme nos habitations; il nous défend; il nous orne : il est cependant assez commun de trouver des gens qui regardent d'un air dédaigneux le fer et le manufacturier. La distinction que méritent des manufactures de cette espèce, devrait être particulière : elles
20 mettent dans la société des matières nouvelles et nécessaires; il en revient au roi un produit considérable, et à la nation un accroissement de richesses égal à ce qui excède la consommation du royaume, et passe chez l'étranger.

Pour mettre cette partie sous les yeux, en attendant de
25 plus amples connaissances, on a suivi l'ordre de travail et des opérations.

La première regarde les qualités du maître, commis et principaux ouvriers.

La seconde, la recherche des minières [2], et disposition des
30 mines.

La troisième, la manière de tirer les mines [1].

La quatrième, les règlements à ce sujet.

La cinquième, la façon d'en séparer les corps étrangers.

La sixième, les réservoirs et dépense de l'eau.
35 La septième, l'achat, l'exploitation, l'emploi des bois.

La huitième, le service qu'on tire de l'air.

La neuvième, le fourneau pour gueules [3] et pour marchandises.

La dixième, la forge.
40 La onzième, la fonderie.

La douzième, la batterie [4].

La treizième, la filerie [5]. [...]

(Bouchu)

---

1. Le minerai. — 2. Mines à ciel ouvert. — 3. Ouvertures permettant l'écoulement de la fonte. — 4. Opération consistant à aplatir le fer. — 5. L'article, long de 34 pages, développe minutieusement ces treize points successifs.

FORTUNE

[...] Les moyens honnêtes de faire *fortune*, sont ceux qui viennent du talent et de l'industrie; à la tête de ces moyens, on doit placer le commerce. Quelle différence pour le sage entre la *fortune* d'un courtisan faite à force de
5 bassesses et d'intrigues, et celle d'un négociant qui ne doit son opulence qu'à lui-même, et qui par cette opulence procure le bien de l'état[1]! C'est une étrange barbarie dans nos mœurs, et en même temps une contradiction bien ridicule, que le commerce, c'est-à-dire la manière la
10 plus noble de s'enrichir, soit regardé par les nobles avec mépris, et qu'il serve néanmoins à acheter la noblesse. Mais ce qui met le comble à la contradiction et à la barbarie, est qu'on puisse se procurer la noblesse avec des richesses acquises par toutes sortes de voies. [...]

(d'Alembert)

● **Le sentiment de l'inégalité sociale**

① Analysez le point de vue de d'Alembert. Rapprochez-le de celui de Rousseau et comparez-le à celui des doctrinaires du XIXe siècle.

GENÈVE

[...] C'est une chose très singulière, qu'une ville qui compte à peine 24 000 âmes, et dont le territoire morcelé ne contient pas trente villages, ne laisse pas d'être[2] un état souverain, et une des villes les plus florissantes de l'Europe :
5 riche par sa liberté et son commerce, elle voit souvent autour d'elle tout en feu sans jamais s'en ressentir. Les événements qui agitent l'Europe ne sont pour elle qu'un spectacle dont elle jouit sans y prendre part : attachée aux Français par ses alliances et par son commerce, aux Anglais
10 par son commerce et par la religion, elle prononce[3]

---

1. Cette thèse sera développée par Sedaine dans sa pièce, *le Philosophe sans le savoir* (1765). — 2. Soit néanmoins. — 3. Donne son avis.

avec impartialité sur la justice des guerres que ces deux
nations puissantes se font l'une à l'autre, quoiqu'elle soit
d'ailleurs trop sage pour prendre aucune part à ces guerres,
et juge tous les souverains de l'Europe, sans les flatter,
15 sans les blesser et sans les craindre. [...]
  On ne souffre point à *Genève* de comédie : ce n'est pas
qu'on y désapprouve les spectacles en eux-mêmes; mais
on craint, dit-on, le goût de parure, de dissipation et de
libertinage, que les troupes de comédiens répandent parmi
20 la jeunesse. Cependant ne serait-il pas possible de remédier à cet inconvénient, par des lois sévères et bien exé-
cutées [1] sur la conduite des comédiens? Par ce moyen,
Genève aurait des spectacles et des mœurs, et jouirait de
l'avantage des uns et des autres : les représentations théâ-
25 trales formeraient le goût des citoyens, et leur donneraient
une finesse de tact, une délicatesse de sentiment qu'il est
très difficile d'acquérir sans ce secours; la littérature en
profiterait, sans que le libertinage fît des progrès, et *Genève*
réunirait à la sagesse de Lacédémone la politesse [2] d'Athè-
30 nes. Une autre considération digne d'une république si sage
et si éclairée, devrait peut-être l'engager à permettre les
spectacles. Le préjugé barbare contre la profession de
comédien, l'espèce d'avilissement où nous avons mis ces
hommes si nécessaires au progrès et au soutien des arts,
35 est certainement une des principales causes qui contribuent au dérèglement que nous leur reprochons : ils
cherchent à se dédommager par les plaisirs, de l'estime
que leur état ne peut obtenir. Parmi nous, un comédien
qui a des mœurs est doublement respectable; mais à peine
40 lui en sait-on quelque gré. Le traitant [3] qui insulte à l'indigence publique et qui s'en nourrit, le courtisan qui rampe,
et qui ne paie point ses dettes, voilà l'espèce d'hommes
que nous honorons le plus. Si les comédiens étaient non
seulement soufferts [4] à *Genève*, mais contenus d'abord par
45 des règlements sages, protégés ensuite, et même considérés
dès qu'ils en seraient dignes, enfin absolument placés sur
la même ligne que les autres citoyens, cette ville aurait
bientôt l'avantage de posséder ce qu'on croit si rare, et ce

---

1. Appliquées. — 2. Culture intellectuelle et morale. — 3. Le fermier général. —
4. Tolérés.

qui ne l'est que par notre faute, une troupe de comédiens
50 estimable. Ajoutons que cette troupe deviendrait bientôt
la meilleure de l'Europe; plusieurs personnes pleines de
goût et de disposition pour le théâtre, et qui craignent de
se déshonorer parmi nous en s'y livrant, accourraient à
Genève, pour cultiver non seulement sans honte, mais
55 même avec estime, un talent si agréable et si peu commun.
Le séjour de cette·ville, que bien des Français regardent
comme triste par la privation des spectacles, deviendrait
alors le séjour des plaisirs honnêtes, comme il est celui de
la philosophie et de la liberté; et les étrangers ne seraient
60 plus surpris de voir que dans une ville où les spectacles
décents et réguliers [1] sont défendus, on permette des farces
grossières et sans esprit, aussi contraires au bon goût
qu'aux bonnes mœurs. Ce n'est pas tout : peu à peu l'exemple des comédiens de *Genève*, la régularité de leur conduite,
65 et la considération dont elle les ferait jouir, serviraient de
modèle aux comédiens des autres nations, et de leçon à
ceux qui les ont traités jusqu'ici avec tant de rigueur et
même d'inconséquence. On ne les verrait pas d'un côté
pensionnés par le gouvernement, et de l'autre un objet
70 d'anathème [2]; nos prêtres perdraient l'habitude de les
excommunier, et nos bourgeois de les regarder avec mépris;
et une petite république aurait la gloire d'avoir réformé
l'Europe sur ce point, plus important peut-être qu'on ne
pense. [...]
75 　　Le clergé de *Genève* a des mœurs exemplaires : les ministres vivent dans une grande union; on ne les voit point,
comme dans d'autres pays, disputer entre eux avec aigreur
sur des matières inintelligibles, se persécuter mutuellement,
s'accuser indécemment auprès des magistrats : il s'en faut
80 cependant beaucoup, qu'ils pensent tous de même sur les
articles qu'on regarde ailleurs comme les plus importants
à la religion. [...]

　　D'Alembert loue les pasteurs genevois d'être sociniens [3],
c'est-à-dire des déistes dont la religion éclairée se réduit
à une morale [4].

---

1. Conforme aux règles. — 2. De malédiction. — 3. Disciples de Socin (1528-1562),
attaché au Nouveau Testament et qui nie le péché originel, la prédestination et la divinité
de Jésus-Christ. — 4. Cette interprétation provoquera une vive protestation de la Vénérable
Compagnie des pasteurs et professeurs de l'Église et de l'Académie de Genève.

Les ecclésiastiques font encore mieux à *Genève* que d'être
tolérants : ils se renferment uniquement dans leurs fonctions, en donnant les premiers aux citoyens l'exemple de
la soumission aux lois. Le consistoire [1] établi pour veiller
sur les mœurs, n'inflige que des peines spirituelles. La
grande querelle du sacerdoce et de l'empire, qui dans les
siècles d'ignorance a ébranlé la couronne de tant d'empe-
reurs, et qui, comme nous ne le savons que trop, cause des
troubles fâcheux dans des siècles plus éclairés, n'est point
connue à *Genève ;* le clergé n'y fait rien sans l'approbation
des magistrats.

(d'Alembert)

● **La controverse sur le théâtre au XVIIIe siècle**

L'Église, depuis le XVIIe siècle, n'avait cessé de condamner le
théâtre. Louis Racine en 1752 et l'abbé Mably en 1754 reprennent
les arguments développés par Nicole, et par Bossuet dans ses
Maximes et Réflexions sur la comédie. Mais d'autres chrétiens,
comme les Jésuites et l'abbé du Bos, admettent que la comédie
peut parfois permettre de « purger les passions ». De leur côté,
les philosophes voient, dans la tragédie et la comédie, « des
leçons de vertu, de raison et de bienséance » (Voltaire, *Lettre
à un premier commis*, 1733).
Les calvinistes de Genève interdisaient sur leur territoire toute
représentation. Aussi Voltaire doit-il, en 1755, renoncer à son
théâtre particulier des Délices. Quand, l'année suivante, d'Alembert séjourne chez lui, il l'amène à partager son indignation contre
cette proscription, due à des fanatiques plus intolérants que les
dévots français. C'est pourquoi, dans le tome VII de l'*Encyclopédie*, paru en 1757, d'Alembert réclame droit de cité pour le
théâtre à Genève.

① En quoi l'éloge initial de la république genevoise (l. 1-15)
implique-t-il une critique indirecte de la monarchie française?

② Quels avantages, selon d'Alembert, entraînerait l'installation
d'un théâtre à Genève?

③ Mettre en valeur la modération du ton adopté par d'Alembert.

④ Dans quelle mesure d'Alembert reprend-il les arguments de
Voltaire sur la moralité des spectacles et la dignité du métier
de comédien (*Cf. Lettres philosophiques*, XXIII)?

⑤ Quels arguments ont le plus contribué à irriter Rousseau et à
lui faire rédiger, quelques semaines plus tard, sa *Lettre à d'Alembert sur les spectacles?*

---

1. Assemblée des ministres du culte.

GÉNIE

Génie (Philosophie et Littér.). L'étendue de l'esprit, la force
de l'imagination, et l'activité de l'âme, voilà le *génie*. De
la manière dont on reçoit ses idées, dépend celle dont on se
les rappelle. L'homme jeté dans l'univers reçoit avec des
5 sensations plus ou moins vives, les idées de tous les êtres.
La plupart des hommes n'éprouvent de sensations vives
que par l'impression des objets qui ont un rapport immédiat à leurs besoins, à leur goût, etc. Tout ce qui est étranger
à leurs passions, tout ce qui est sans analogie à leur manière
10 d'exister, ou n'est point aperçu par eux, ou n'en est vu
qu'un instant sans être senti, et pour être à jamais oublié.

L'homme de *génie* est celui dont l'âme plus étendue,
frappée par les sensations de tous les êtres, intéressée à
tout ce qui est dans la nature, ne reçoit pas une idée qu'elle
15 n'éveille un sentiment ; tout l'anime et tout s'y conserve.

Lorsque l'âme a été affectée par l'objet même, elle l'est
encore par le souvenir ; mais, dans l'homme de *génie*, l'imagination va plus loin : il se rappelle des idées avec un
sentiment plus vif qu'il ne les a reçues, parce qu'à ces
20 idées mille autres se lient, plus propres à faire naître le
sentiment.

Le *génie* entouré des objets dont il s'occupe ne se souvient
pas : il voit ; il ne se borne pas à voir : il est ému ; dans le
silence et l'obscurité du cabinet, il jouit de cette campagne
25 riante et féconde ; il est glacé par le sifflement des vents ; il
est brûlé par le soleil ; il est effrayé des tempêtes. L'âme se
plaît souvent dans ces affections [1] momentanées ; elles lui
donnent un plaisir qui lui est précieux ; elle se livre à tout
ce qui peut l'augmenter ; elle voudrait par des couleurs
30 vraies, par des traits ineffaçables, donner un corps aux fantômes qui sont son ouvrage, qui la transportent ou qui
l'amusent.

Veut-elle peindre quelques-uns de ces objets qui viennent
l'agiter ? tantôt les êtres se dépouillent de leurs imperfec-
35 tions ; il ne se place dans ses tableaux que le sublime,
l'agréable ; alors le *génie* peint en beau : tantôt elle ne voit
dans les événements les plus tragiques que les circonstances les plus terribles ; et le *génie* répand dans ce moment

---

1. Impressions.

les couleurs les plus sombres, les expressions énergiques de
40 la plainte et de la douleur; il anime la matière, il colore la
pensée; dans la chaleur de l'enthousiasme, il ne dispose ni
de la nature ni de la suite de ses idées; il est transporté dans
la situation des personnages qu'il fait agir; il a pris leur
caractère : s'il éprouve dans le plus haut degré les passions
45 héroïques, telles que la confiance d'une grande âme que le
sentiment de ses forces élève au-dessus de tout danger,
telles que l'amour de la patrie porté jusqu'à l'oubli de soi-
même, il produit le sublime, le *moi* de Médée [1], le *qu'il*
mourût du vieil Horace [2], le *je suis consul de Rome* de
50 Brutus [3]; transporté par d'autres passions, il fait dire à
Hermione, *qui te l'a dit?* [4] à Orosmane, *j'étais aimé* [5], à
Thyeste, *je reconnais mon frère* [6].

Cette force de l'enthousiasme inspire le mot propre quand
il a de l'énergie; souvent elle le fait sacrifier à des figures
55 hardies; elle inspire l'harmonie imitative, les images de
toute espèce, les signes les plus sensibles et les sons imitateurs, comme les mots qui caractérisent.

L'imagination prend des formes différentes; elle les
emprunte des différentes qualités qui forment le caractère
60 de l'âme. Quelques passions, la diversité des circonstances,
certaines qualités de l'esprit, donnent un tour particulier
à l'imagination; elle ne se rappelle pas avec sentiment
toutes ses idées, parce qu'il n'y a pas toujours des rapports
entre elle et les êtres.

65 Le *génie* n'est pas toujours *génie ;* quelquefois, il est plus
aimable que sublime; il sent et peint moins dans les objets
le beau que le gracieux; il éprouve et fait moins éprouver
des transports qu'une douce émotion.

Quelquefois, dans l'homme de *génie* l'imagination est
70 gaie; elle s'occupe des légères imperfections des hommes,
des fautes et des folies ordinaires; le contraire de l'ordre
n'est pour elle que ridicule, mais d'une manière si nouvelle
qu'il semble que ce soit le coup d'œil de l'homme de *génie*
qui ait mis dans l'objet le ridicule qu'il ne fait qu'y décou-
75 vrir : l'imagination gaie d'un *génie* étendu agrandit le champ

1. Corneille, *Médée*, I, 5. — 2. Corneille, *Horace*, III, 6. — 3. Voltaire, *Brutus*, V, 6. —
4. Racine, *Andromaque*, V, 3. — 5. Voltaire, *Zaïre*, V, 10. — 6. Crébillon fils, *Atrée et*
Thyeste, V, 7.

du ridicule ; et, tandis que le vulgaire le voit et le sent dans ce qui choque les usages établis, le *génie* le découvre et le sent dans ce qui blesse l'ordre universel.

Le goût est souvent séparé du *génie*. Le *génie* est un pur don de la nature ; ce qu'il produit est l'ouvrage d'un moment ; le goût est l'ouvrage de l'étude et du temps ; il tient à la connaissance d'une multitude de règles ou établies ou supposées ; il fait produire des beautés qui ne sont que de convention. Pour qu'une chose soit belle selon les règles du goût, il faut qu'elle soit élégante, finie, travaillée sans le paraître : pour être de *génie*, il faut quelquefois qu'elle soit négligée, qu'elle ait l'air irrégulier, escarpé, sauvage. Le sublime et le *génie* brillent dans Shakespeare comme des éclairs dans une longue nuit, et Racine est toujours beau : Homère est plein de *génie* [1], et Virgile d'élégance.

Les règles et les lois du goût donneraient des entraves au *génie* ; il les brise pour voler au sublime, au pathétique, au grand. L'amour de ce beau éternel qui caractérise la nature, la passion de conformer ses tableaux à je ne sais quel modèle qu'il a créé, et d'après lequel il a les idées et les sentiments du beau, sont le goût de l'homme de *génie*. Le besoin d'exprimer les passions qui l'agitent est continuellement gêné par la grammaire et par l'usage : souvent l'idiome [2] dans lequel il écrit se refuse à l'expression d'une image qui serait sublime dans un autre idiome. Homère ne pouvait trouver dans un seul dialecte les expressions nécessaires à son *génie* [...]. Enfin, la force et l'abondance, je ne sais quelle rudesse, l'irrégularité, le sublime, le pathétique, voilà dans les arts le caractère du *génie ;* il ne touche pas faiblement, il ne plaît pas sans étonner, il étonne encore par ses fautes.

Dans la Philosophie, où il faut peut-être toujours une attention scrupuleuse, une timidité, une habitude de réflexion qui ne s'accordent guère avec la chaleur de l'imagination, et moins encore avec la confiance que donne le *génie*, sa marche est distinguée comme dans les arts ; il y répand fréquemment de brillantes erreurs ; il y a quelquefois de grands succès. Il faut dans la philosophie chercher le

---

1. La critique du xviiie siècle ignore qu'Homère vivait à une époque de civilisation évoluée et s'étonne de ses audaces. — 2. Le dialecte (l. 101).

vrai avec ardeur et l'espérer avec patience. Il faut des
115 hommes qui puissent disposer de l'ordre et de la suite de
leurs idées; en suivre la chaîne pour conclure, ou l'inter-
rompre pour douter : il faut de la recherche, de la discussion, de la lenteur; et l'on n'a ces qualités ni dans le
tumulte des passions, ni avec les fougues de l'imagi-
120 nation. [...]

Le *génie* est frappé de tout; et dès qu'il n'est point livré
à ses pensées et subjugué par l'enthousiasme, il étudie,
pour ainsi dire, sans s'en apercevoir; il est forcé, par les
impressions que les objets font sur lui, à s'enrichir sans
125 cesse de connaissances qui ne lui ont rien coûté; il jette
sur la nature des coups d'œil généraux et perce ses abîmes.
Il recueille dans son sein des germes qui y entrent imper-
ceptiblement, et qui produisent dans le temps des effets
si surprenants, qu'il est lui-même tenté de se croire inspiré :
130 il a pourtant le goût de l'observation; mais il observe rapidement un grand espace, une multitude d'êtres.

Le mouvement, qui est son état naturel, est quelquefois
si doux qu'à peine il l'aperçoit : mais le plus souvent ce
mouvement excite des tempêtes, et le *génie* est plutôt
135 emporté par un torrent d'idées, qu'il ne suit librement de
tranquilles réflexions. Dans l'homme que l'imagination
domine, les idées se lient par les circonstances et par le
sentiment : il ne voit souvent des idées abstraites que dans
leur rapport avec les idées sensibles. Il donne aux abstrac-
140 tions une existence indépendante de l'esprit qui les a
faites; il réalise ses fantômes; son enthousiasme augmente
au spectacle de ses créations, c'est-à-dire de ses nouvelles
combinaisons, seules créations de l'homme. Emporté par la
foule de ses pensées, livré à la facilité de les combiner,
145 forcé de produire, il trouve mille preuves spécieuses [1], et ne
peut s'assurer d'une seule; il construit des édifices hardis
que la raison n'oserait habiter, et qui lui plaisent par leurs
proportions et non par leur solidité; il admire ses systèmes comme il admirerait le plan d'un poème; et il les
150 adopte comme beaux, en croyant les aimer comme vrais.

Le *génie* hâte cependant les progrès de la philosophie par
les découvertes les plus heureuses et les moins attendues :

---

1. Possédant seulement une apparence de vérité.

il s'élève d'un vol d'aigle vers une vérité lumineuse, source
de mille vérités, auxquelles parviendra dans la suite en
155 rampant, la foule timide des sages observateurs. Mais à
côté de cette vérité lumineuse, il placera les ouvrages de
son imagination : incapable de marcher dans la carrière et
de parcourir successivement les intervalles, il part d'un
point et s'élance vers le but; il tire un principe fécond des
160 ténèbres; il est rare qu'il suive la chaîne des conséquences;
il est *primesautier*, pour me servir de l'expression de Mon-
taigne. Il imagine plus qu'il n'a vu; il produit plus qu'il ne
découvre; il entraîne plus qu'il ne conduit. Il anima les
Platon, les Descartes, les Malebranche, les Bacon, les
165 Leibnitz; et selon le plus ou le moins que l'imagination
domina dans ces grands hommes, il fit éclore des systèmes
brillants, ou découvrir de grandes vérités. [...]

Dans les Arts, dans les Sciences, dans les affaires [1], le
génie semble changer la nature des choses; son caractère se
170 répand sur tout ce qu'il touche; et ses lumières s'élançant
au-delà du passé et du présent, éclairent l'avenir : il
devance son siècle qui ne peut le suivre; il laisse loin de
lui l'esprit qui le critique avec raison, mais qui dans sa
marche égale ne sort jamais de l'uniformité de la nature.
175 Il est mieux senti que connu par l'homme qui veut le définir : ce serait à lui-même à parler de lui; et cet article que

---

● **Le génie**

① Montrer que la définition du génie repose sur une base
sensualiste.

● **Le génie et la création littéraire**

② Analyser les rapports entre le génie et le réel dans l'esthétique
nouvelle formulée par Saint-Lambert (l. 33-52).

③ Étudier, dans les lignes 79-106, l'opposition entre le goût et
le génie. Montrer que Saint-Lambert s'efforce de dégager objectivement les qualités et les défauts de ces deux facultés.

④ Dans quelle mesure le rôle attribué à l'imagination, à l'émo-
tion et à l'enthousiasme annonce-t-il l'esthétique romantique?
(*Cf.* Madame de Staël, *De l'Allemagne*; Stendhal, *Racine et
Shakespeare*; Hugo, *Préface de Cromwell*.)

---

1. *Les affaires* politiques.

je n'aurais pas dû faire, devrait être l'ouvrage d'un de ces
hommes extraordinaires, M. de Voltaire, par exemple, qui
honore ce siècle, et qui pour connaître le *génie* n'aurait
180 eu qu'à regarder en lui-même.

(Saint-Lambert)

GRAINS

Grains (Économie Polit.). Les principaux objets du commerce
en France sont les *grains*, les vins et eaux-de-vie, le sel, les
chanvres et les lins, les laines, et les autres produits que
fournissent les bestiaux; les manufactures des toiles et des
5 étoffes communes peuvent augmenter beaucoup la valeur
des chanvres, des lins et des laines, et procurer la subsistance à beaucoup d'hommes qui seraient occupés à des
travaux si avantageux. Mais on s'aperçoit aujourd'hui que
la production et le commerce de la plupart de ces denrées
10 sont presque anéantis en France. Depuis longtemps les
manufactures de luxe ont séduit la nation; nous n'avons ni
la soie ni les laines convenables pour fabriquer les belles
étoffes et les draps fins; nous nous sommes livrés à une
industrie qui nous était étrangère; et on y a employé
15 une multitude d'hommes dans le temps que le royaume
se dépeuplait et que les campagnes devenaient désertes.
On a fait baisser le prix de nos blés afin que la fabrication
et la main-d'œuvre fussent moins chères que chez l'étranger : les hommes et les richesses se sont accumulés dans
20 les villes; l'agriculture, la plus féconde et la plus noble
partie de notre commerce, la source des revenus du
royaume, n'a pas été envisagée comme le fond primitif de
nos richesses; elle n'a paru intéresser que le fermier et le
paysan : on a borné leurs travaux à la subsistance de la
25 nation qui, par l'achat des denrées, paye les dépenses de
la culture; et on a cru que c'était un commerce ou un
trafic établi sur l'industrie, qui devait apporter l'or et
l'argent dans le royaume. On a défendu de planter des
vignes; on a recommandé la culture des mûriers [1]; on a
30 arrêté le débit des productions de l'agriculture et diminué
le revenu des terres pour favoriser des manufactures pré-

---

1. Pour développer une industrie de luxe, la soierie.

judiciables à notre propre commerce. [...] Pour gagner quelques millions à fabriquer et à vendre de belles étoffes, nous avons perdu des milliards sur le produit de nos terres;
35 et la nation, parée de tissus d'or et d'argent, a cru jouir d'un commerce florissant.

Ce sont les grands revenus qui procurent les grandes dépenses; ce sont les grandes dépenses qui augmentent la population, parce qu'elles étendent le commerce et les
40 travaux et qu'elles procurent des gains à un grand nombre d'hommes. Ceux qui n'envisagent les avantages d'une grande population que pour entretenir de grandes armées jugent mal de la force d'un état. Les militaires n'estiment les hommes qu'autant qu'ils sont propres à faire des sol-
45 dats; mais l'homme d'état regrette les hommes destinés à la guerre comme un propriétaire regrette la terre employée à former le fossé qui est nécessaire pour conserver le champ. Les grandes armées l'épuisent; une grande population et de grandes richesses le rendent redoutable. Les avantages
50 les plus essentiels qui résultent d'une grande population sont les productions et la consommation, qui augmentent ou font mouvoir les richesses pécuniaires du royaume. Plus une nation qui a un bon territoire et un commerce facile est peuplée, plus elle est riche : et plus elle est riche, plus
55 elle est puissante.

Les revenus sont le produit des terres et des hommes. Sans le travail des hommes, les terres n'ont aucune valeur. Les biens primitifs [1] d'un grand état sont les hommes, les terres et les bestiaux. Sans les produits de l'agriculture,
60 une nation ne peut avoir d'autre ressource que la fabrication et le commerce de trafic [2]; mais l'une et l'autre ne peuvent se soutenir que par les richesses de l'étranger : d'ailleurs de telles ressources sont fort bornées et peu assurées, et elles ne peuvent suffire qu'à de petits états.

65 OBSERVATIONS SUR LE PRIX DES GRAINS

Quand le commerce est libre, la cherté des denrées y a nécessairement ses bornes fixées par les prix mêmes des denrées des autres nations qui étendent leur commerce partout. Il n'en est pas de même de la non-valeur ou de

---

1. Premiers, essentiels. — 2. Marchandises.

[70] la cherté des denrées causées par le défaut de liberté du commerce; elles se succèdent tour à tour et irrégulièrement, elles sont l'une et l'autre fort désavantageuses, et dépendent presque toujours d'un vice du gouvernement.

[75] Le bon prix ordinaire du blé, qui procure de si grands revenus à l'état, n'est point préjudiciable au bas peuple. Un homme consomme trois septiers[1] de blé : si à cause du bon prix il achetait chaque septier quatre livres plus cher, ce prix augmenterait au plus sa dépense d'un sou par jour, son salaire augmenterait aussi à proportion, et [80] cette augmentation serait peu de chose pour ceux qui la payeraient, en comparaison des richesses qui résulteraient du bon prix du blé. Ainsi les avantages du bon prix du blé ne sont point détruits par l'augmentation du salaire des ouvriers; car alors il s'en faut beaucoup que cette [85] augmentation approche de celle du profit des fermiers, de celle des revenus des propriétaires, de celle du produit des dîmes et de celle des revenus du roi. Il est aisé d'apercevoir aussi que ces avantages n'auraient pas augmenté d'un vingtième, peut-être pas même d'un quarantième de [90] plus le prix de la main-d'œuvre des manufactures, qui ont déterminé imprudemment à défendre l'exportation de nos blés et qui ont causé à l'état une perte immense. C'est d'ailleurs un grand inconvénient que d'accoutumer le même peuple à acheter le blé à trop bas prix; il en devient moins [95] laborieux, il se nourrit de pain à peu de frais et devient paresseux et arrogant; les laboureurs trouvent difficilement des ouvriers et des domestiques; aussi sont-ils fort mal servis dans les années abondantes. Il est important que le petit peuple gagne davantage et qu'il soit pressé par le [100] besoin de gagner. Dans le siècle passé, où le blé se vendait beaucoup plus cher, le peuple y était accoutumé, il gagnait à proportion, il devait être plus laborieux et plus à son aise.

Ainsi nous n'entendons pas ici par le mot de *cherté* un prix qui puisse jamais être excessif, mais seulement un [105] prix commun entre nous et l'étranger; car dans la supposition de la liberté du commerce extérieur, le prix sera toujours réglé par la concurrence du commerce des denrées des nations voisines.

---

1. Setier : ancienne mesure de capacité pour les grains, variant selon les lieux ou la nature du grain mesuré.

Mais la cherté et l'abondance des productions de
110 l'agriculture n'augmentent-elles pas les profits des cultivateurs, les revenus du roi, des propriétaires et des béné-
ficiers qui jouissent des dîmes? ces richesses elles-mêmes
n'augmentent-elles pas aussi les dépenses et les gains? le
manouvrier [1], l'artisan, le manufacturier, etc. ne font-ils
115 pas payer leur temps et leurs ouvrages à proportion de ce
que leur coûte leur subsistance? Plus il y a de revenus
dans un état, plus le commerce, les manufactures, les arts,
les métiers et les autres professions deviennent nécessaires
et lucratives. [...]   (Quesnay)

● **Le manifeste des physiocrates**

L'article *Grains* exprime les théories économiques des physiocrates, dix ans avant les *Maximes générales du gouvernement
économique d'un royaume agricole*, publiées par QUESNAY en 1767.
Pour Quesnay, l'industrie et le commerce ne développent pas les
richesses de la nation, parce qu'ils ne créent aucun profit :
la valeur des objets n'augmente que pour permettre à l'artisan
et à l'intermédiaire d'assurer leur subsistance.
L'agriculture seule est réellement productive : elle crée des
richesses qui dépassent les besoins des cultivateurs, assurent un
profit aux propriétaires et permettent à l'État de prélever des
impôts; enfin, lorsqu'elles sont cédées à l'étranger, ces richesses
augmentent le revenu national et contribuent à la puissance de
l'État.
Aussi est-il urgent de prendre des mesures favorables à l'agriculture : ramener à la terre les capitaux investis dans les emprunts
d'État ou les industries de luxe; garantir la liberté des exportations et de la circulation; rétablir le prix élevé des blés.
① Montrer que, pour Quesnay, les produits de l'agriculture sont
non seulement les céréales, mais aussi les matières premières
fournies par la terre aux industries communes.
② Quelles conséquences néfastes sont imputées à la baisse du
prix des blés?
③ Souligner le lien de réciprocité établi par Quesnay entre
l'accroissement des revenus et l'accroissement de la population.
④ Où apparaît le pacifisme de Quesnay? N'est-il pas plus absolu
que celui de Voltaire? Celui-ci admettait l'utilisation des revenus
commerciaux pour le développement des armements (*Lettres
philosophiques*, X).
⑤ La liberté du commerce n'aboutit-elle pas au développement
de la consommation? Quesnay aborde là un des principaux facteurs de l'évolution économique vers la grande industrie.
⑥ Résumer la théorie du *bon prix* (l. 74) des blés.

---

1. Celui qui ne fait que des travaux manuels.

GUERRE

[...] Toute *guerre* est injuste dans ses causes :

1º Lorsqu'on l'entreprend sans aucune raison justifica-
tive, ni motif d'utilité apparente, si tant est qu'il y ait des
exemples de cette barbarie;

5   2º Lorsqu'on attaque les autres pour son propre intérêt,
sans qu'ils nous aient fait de tort réel, et ce sont là de vrais
brigandages;

3º Lorsqu'on a des motifs fondés sur des causes justificatives spécieuses [1], mais qui bien examinés sont réelle-
10 ment illégitimes;

4º Lorsqu'avec de bonnes raisons justificatives, on
entreprend la *guerre* par des motifs qui n'ont aucun
rapport avec le tort qu'on a reçu, comme pour acquérir une
vaine gloire, se rendre redoutable, exercer ses troupes,
15 étendre sa domination, etc. Ces deux dernières sortes de
guerre sont très communes et très iniques. Il faut dire la
même chose de l'envie qu'aurait un peuple de changer de
demeure et de quitter une terre ingrate, pour s'établir à
force ouverte dans un pays fertile; il n'est pas moins injuste
20 d'attenter par la voie des armes, sur la liberté, les vies et les
domaines d'un autre peuple, par exemple des Américains,
sous prétexte de leur idolâtrie [2]. Quiconque a l'usage de la
raison, doit jouir de la liberté de choisir lui-même ce qu'il
croit lui être le plus avantageux.

25   Les lois militaires de l'Europe n'autorisent point à ôter
la vie de propos délibéré aux prisonniers de *guerre*, ni à
ceux qui demandent quartier [3], ni à ceux qui se rendent,
moins encore aux vieillards, aux femmes, aux enfants, et
en général à aucun de ceux qui ne sont ni d'un âge, ni
30 d'une profession à porter les armes, et qui n'ont d'autre
part à la *guerre*, que de se trouver dans le pays ou dans le
parti ennemi.

A plus forte raison les droits de la *guerre* ne s'étendent
pas jusqu'à autoriser les outrages à l'honneur des femmes,
35 car une telle conduite ne contribue point à notre défense,
à notre sûreté, ni au maintien de nos droits; elle ne peut
servir qu'à satisfaire la brutalité du soldat effréné.

---

1. Ne possédant qu'une apparence de justice. — 2. *Prétexte* allégué par les conquérants
espagnols et portugais. — 3. Grâce.

Il y a néanmoins mille autres licences infâmes, et mille
sortes de rapines et d'horreurs qu'on souffre honteuse-
40 ment [1] dans la *guerre*. Les lois, dit-on, doivent se taire parmi le bruit des armes; je réponds que s'il faut que les lois
civiles, les lois des tribunaux particuliers de chaque état,
qui n'ont lieu qu'en temps de paix, viennent à se taire, il
n'en est pas de même des lois éternelles, qui sont faites
45 pour tous les temps, pour tous les peuples, et qui sont
écrites dans la nature : mais la *guerre* étouffe la voix de la
nature, de la justice, de la religion et de l'humanité. Elle
n'enfante que des brigandages et des crimes; avec elle
marche [2] l'effroi, la famine et la désolation; elle déchire
50 l'âme des mères, des épouses et des enfants; elle ravage
les campagnes, dépeuple les provinces, et réduit les villes
en poudre [3]. Elle épuise les états florissants au milieu des
plus grands succès; elle expose les vainqueurs aux tragiques revers de la fortune; elle déprave les mœurs de toutes
55 les nations, et fait encore plus de misérables qu'elle n'en
emporte. Voilà les fruits de la *guerre* [4]. Les gazettes ne
retentissent actuellement (1757) [5] que des maux qu'elle
cause sur terre et sur mer, dans l'ancien et le nouveau
monde, à des peuples qui devraient resserrer les liens d'une
60 bienveillance qui n'est déjà que trop faible, et non pas les
couper.

(de Jaucourt)

─────────────────

● **La guerre, défi au bon sens**

① Quelles catégories de guerre distingue l'auteur?

② Montrer que les prétendues « lois de la guerre » sont condamnées par Jaucourt au nom du droit naturel.

③ Dans quelles formules apparaissent l'émotion et l'indignation
de Jaucourt?

─────────────────

1. Tolère scandaleusement. — 2. Accord avec le sujet le plus rapproché. — 3. Poussière. — 4. Voir l'article *Paix*, p. 139. — 5. L'année précédente, Frédéric II de Prusse, allié
à l'Angleterre, avait attaqué la France et l'Autriche.

HISTOIRE

Histoire, s. f., c'est le récit des faits donnés pour vrais; au contraire de la fable, qui est le récit des faits donnés pour faux. [...]

DE L'UTILITÉ DE L'HISTOIRE.

5   Cet avantage consiste dans la comparaison qu'un homme d'état, un citoyen peut faire des lois et des mœurs étrangères avec celles de son pays : c'est ce qui excite les nations modernes à enchérir les unes sur les autres dans les arts, dans le commerce, dans l'agriculture. Les grandes
10   fautes passées servent beaucoup en tout genre. On ne saurait trop remettre devant les yeux les crimes et les malheurs causés par des querelles absurdes. Il est certain qu'à force de renouveler la mémoire de ces querelles, on les empêche de renaître. [...]
15   Les exemples sont d'un grand effet sur l'esprit d'un prince qui lit avec attention. Il verra qu'Henri IV n'entreprenait sa grande guerre[1], qui devait changer le système de l'Europe, qu'après s'être assez assuré du nerf de la guerre, pour la pouvoir soutenir plusieurs années sans
20   aucun secours de finances.
       Il verra que la reine Élisabeth[2], par les seules ressources du commerce et d'une sage économie, résista au puissant Philippe II[3], et que de cent vaisseaux qu'elle mit en mer contre la flotte invincible[4], les trois quarts étaient fournis
25   par les villes commerçantes d'Angleterre. [...]
       Enfin la grande utilité de l'*histoire* moderne, et l'avantage qu'elle a sur l'ancienne, est d'apprendre à tous les potentats, que depuis le XVe siècle on s'est toujours réuni contre une puissance trop prépondérante. Ce système
30   d'équilibre a toujours été inconnu des anciens, et c'est la raison des succès du peuple romain, qui ayant formé une milice supérieure à celle des autres peuples, les subjugua l'un après l'autre, du Tibre jusqu'à l'Euphrate.

DE LA CERTITUDE DE L'HISTOIRE

35   Toute certitude qui n'est pas démonstration mathé-

---

1. Celle qu'il préparait contre l'Espagne. — 2. Élisabeth d'Angleterre (1533-1608). — 3. Roi d'Espagne (1527-1598). — 4. L'Invincible Armada, anéantie en 1588.

matique, n'est qu'une extrême probabilité. Il n'y a pas
d'autre certitude historique.

Quand Marco Polo [1] parla le premier, mais le seul, de la
grandeur et de la population de la Chine, il ne fut pas cru,
40 et il ne put exiger de croyance. Les Portugais qui entrèrent
dans ce vaste empire plusieurs siècles après, commen-
cèrent à rendre la chose probable. Elle est aujourd'hui
certaine, de cette certitude qui naît de la disposition
unanime de mille témoins oculaires de différentes nations,
45 sans que personne ait réclamé contre leur témoignage. [...]
                                                  (Voltaire)

HOMME

Homme (*politique*). Il n'y a de véritables richesses que l'*homme*
et la terre. L'*homme* ne vaut rien sans la terre, et la terre ne
vaut rien sans l'*homme*.

L'*homme* vaut par le nombre; plus une société est nom-
5 breuse, plus elle est puissante pendant la paix, plus elle
est redoutable dans les temps de guerre. Un souverain
s'occupera donc sérieusement de la multiplication de ses
sujets. Plus il aura de sujets, plus il aura de commerçants,
d'ouvriers, de soldats.

10 Ses états sont dans une situation déplorable, s'il arrive
jamais que parmi les *hommes* qu'il gouverne, il y en ait un
qui craigne de faire des enfants, et qui quitte la vie sans
regret.

Mais ce n'est pas assez que d'avoir des *hommes*, il faut
15 les avoir industrieux et robustes.

On aura des *hommes* robustes, s'ils ont de bonnes
mœurs, et si l'aisance leur est facile à acquérir et à
conserver.

On aura des *hommes* industrieux, s'ils sont libres.

20 L'administration est la plus mauvaise qu'il soit possible d'imaginer, si faute de liberté de commerce, l'abondance devient quelquefois pour une province un fléau
aussi redoutable que la disette. [...]

---

1. Navigateur vénitien; dans *le Livre de Marco Polo* (1298), il a fait le récit de ses
voyages en Orient.

Il faut diminuer les ouvriers de luxe et les domestiques.
25 Il y a des circonstances où le luxe n'emploie pas les
hommes avec assez de profit; il n'y en a aucune où la
domesticité ne les emploie avec perte. Il faudrait asseoir
sur les domestiques un impôt à la décharge des agriculteurs.

Si les agriculteurs, qui sont les *hommes* de l'état qui
30 fatiguent le plus, sont les moins bien nourris, il faut qu'ils
se dégoûtent de leur état, ou qu'ils y périssent. Dire que
l'aisance les en ferait sortir, c'est être un ignorant et un
homme atroce.

On ne se presse d'entrer dans une condition que par
35 l'espoir d'une vie douce. C'est la jouissance d'une vie
douce qui y retient et qui y appelle.

Un emploi des *hommes*, n'est bon que quand le profit
va au-delà des frais du salaire. La richesse d'une nation est
le produit de la somme de ses travaux au-delà des frais
40 du salaire.

Plus le produit net est grand et également partagé, plus
l'administration est bonne. Un produit net également
partagé peut être préférable à un plus grand produit net,
dont le partage serait très inégal, et qui diviserait le peuple
45 en deux classes, dont l'une regorgerait de richesse et l'autre
expirerait dans la misère.

(Diderot)

● **La subordination de la politique à l'économie**

Diderot soutient ici :

— les thèses des physiocrates;
— les théories « populationnistes »;
— la subordination de la liberté politique à la liberté économique.

① Peut-on parler, avec Anatole France (*Cahiers de la quinzaine*,
2 mars 1901, p. 68), du « socialisme » de Diderot? *Cf.* l'article
*Citoyen : Plus les citoyens approcheront de l'égalité de prétentions
et de fortunes, plus l'état sera tranquille : cet avantage paraît être
de la démocratie pure, exclusivement à tout autre gouvernement*
(Diderot). Rapprocher des conceptions du curé Meslier (abbé
Jean Mellier, dit Meslier, 1664-1729) : « *Tous les hommes sont égaux
par la nature, ils ont tous également droit de vivre et de marcher
sur la terre, également d'y jouir de leur liberté naturelle et d'avoir
part aux biens de la terre, en travaillant utilement les uns et les
autres* » (*Testament*, II, p. 170).

IMPOT

[...] Il y a cent projets pour rendre l'état riche, contre un seul dont l'objet soit de faire jouir chaque particulier de la richesse de l'état. Gloire, grandeur, puissance d'un royaume! Que ces mots sont vains et vides de sens, auprès
5 de ceux de liberté, aisance, et bonheur des sujets! Quoi donc, ne serait-ce pas rendre une nation riche et puissante, que de faire participer chacun de ses membres aux richesses de l'état? Voulez-vous y parvenir en France? Les moyens s'offrent en foule à l'esprit; j'en citerai quel-
10 ques-uns par lesquels je ne puis mieux terminer cet article.

1º Il s'agit de favoriser puissamment l'Agriculture, la population et le commerce, source de richesses du sujet et du souverain;

2º Proportionner le bénéfice des affaires de finances à
15 celui que donnent le négoce et le défrichement des terres en général; car alors les entreprises de finances seront encore les meilleures, puisqu'elles sont sans risque, outre qu'il ne faut jamais oublier que le profit des financiers est toujours une diminution des revenus du peuple et du roi;

20 3º Restreindre l'usage immodéré des richesses et des charges inutiles;

4º Abolir les monopoles [1], les péages [2], les privilèges exclusifs, les lettres de maîtrise [3], le droit d'aubaine [4], les droits de franc-fief [5], le nombre et les vexations des fer-
25 miers;

5º Retrancher la plus grande partie des fêtes;

6º Corriger les abus et les gênes [6], de la taille [7], de la milice [8] et de l'imposition du sel [9];

7º Ne point faire de traités extraordinaires, ni d'affai-
30 blissement [10] dans les monnaies;

8º Souffrir le transport des espèces [11], parce que c'est une chose juste et avantageuse;

---

1. Exclusivité accordée légalement pour la fabrication et la vente de certains produits. — 2. Droits prélevés sur les marchandises, en principe pour assurer l'entretien des routes et des passages. — 3. Vendues par le pouvoir royal, elles permettaient aux fils des maîtres, dans le système des corporations, de remplacer leurs parents, et maintenaient les ouvriers dans leur condition subalterne. — 4. *Droit* permettant à un souverain de recueillir la succession d'un étranger qui mourait sur ses terres. — 5. Taxes levées sur les roturiers possesseurs de terres nobles. — 6. Contraintes. — 7. Impôt direct et personnel perçu sur les roturiers. — 8. Impôt représentant le rachat du service militaire, dû par les roturiers à leurs seigneurs. — 9. La gabelle. — 10. Dévaluation. — 11. Monnaie ayant un cours légal.

9º Tenir l'intérêt de l'argent aussi bas que le permet le nombre combiné des prêteurs et des emprunteurs dans l'état;

10º Enfin, alléger les *impôts*, et les répartir suivant les principes de la justice distributive, cette justice par laquelle les rois sont les représentants de Dieu sur la terre. La France serait trop puissante, et les Français seraient trop heureux, si ces moyens étaient mis en usage. Mais l'aurore d'un si beau jour est-elle prête à paraître?

(de Jaucourt)

INOCULATION

Inoculation, s. f. (Chirurgie, Médecine, Morale, Politique), ce nom synonyme d'*insertion*, a prévalu pour désigner l'opération par laquelle on communique artificiellement la petite vérole [1], dans la vue de prévenir le danger et les ravages de cette maladie contractée naturellement. [...]

La petite vérole artificielle préserve de la contagion, tout comme la petite vérole naturelle; et s'il était vrai, ce qui n'a pas encore été décidé, qu'il y eût quelques exceptions à cette règle générale, on y pourrait tout au plus en conclure que la prudence prend quelquefois des précautions inutiles. L'inoculation ne communique aucune autre maladie, quoique la preuve n'en soit que négative; qui est-ce qui ne s'en contentera pas? La chose n'est pas susceptible d'une preuve positive. Trente années d'observations, dont aucune jusqu'à présent ne l'invalide, doivent nous tranquilliser; où est d'ailleurs le médecin sage qui n'exige pas qu'on soit attentif sur le choix du pus dont on se sert pour inoculer? Si après tout ce qui a été dit et écrit sur cette matière [2], il était besoin d'encouragements, la petite vérole naturelle nous les donnerait en foule. C'est aux vrais médecins, et le nombre en est bien petit, à apprécier les compliments que les adversaires de l'inoculation leur prodiguent; ils avoueront tous d'une voix que, dans les grandes épidémies, les ressources de l'art sont trop petites, et les billets mortuaires n'en font que trop foi. Que serait-ce si on ajoutait que peut-être l'art même rend la

---

1. La variole. — 2. Voltaire a consacré à l'inoculation la XIe de ses *Lettres philosophiques*.

mortalité plus grande, et que la petite vérole est de toutes
les maladies celle qu'on traite le plus mal? [...]

30   L'*inoculation*, je le répète, s'établira quelque jour en
France et l'on s'étonnera de ne l'avoir pas adoptée plus tôt;
mais quand arrivera ce jour? Oserai-je le dire? Ce ne sera
peut-être que lorsqu'un événement pareil à celui qui répandit parmi nous en 1752 de si vives alarmes, et qui se convertit en transport de joie (la petite vérole de M. le dau-

35   phin [1]), réveillera l'attention publique; ou, ce dont le ciel
veuille nous préserver, ce sera dans le temps funeste d'une
catastrophe semblable à celle qui plongea la nation dans le
deuil, et parut ébranler le trône en 1711 [2]. Alors si l'*inoculation* eût été connue, la douleur récente du coup qui venait

40   de nous frapper, la crainte de celui qui menaçait encore
nos plus chères espérances, nous eussent fait recevoir
comme un présent du ciel ce préservatif que nous négli-
geons aujourd'hui. Mais à la honte de cette fière raison,
qui ne nous distingue pas toujours assez de la brute, le

45   passé, le futur, font à peine impression sur nous : le présent seul nous affecte. Ne serons-nous jamais sages qu'à
force de malheurs?

                                              (Tronchin)

INQUISITION

[...] Bénissons le jour où l'on a eu le bonheur d'abolir
dans ce royaume une juridiction si contraire à l'indépendance de nos rois, au bien de leurs sujets, aux libertés de
l'église gallicane, en un mot à toute sage police. L'*inquisi-

5   tion* est un tribunal qu'il faut rejeter dans tous les gouvernements. Dans la monarchie, il ne peut faire que des hypo-
crites, des délateurs et des traîtres. Dans les républiques, il
ne peut former que des malhonnêtes gens. Dans l'état despotique, il est destructeur comme lui. Il n'a servi qu'à faire

10   perdre au pape un des plus beaux fleurons de sa couronne,
les provinces unies; et à brûler ailleurs, aussi cruellement
qu'inutilement, un grand nombre de malheureux.

Ce tribunal inique, inventé pour extirper l'hérésie, est
précisément ce qui éloigne le plus tous les protestants de

---

1. Fils de Louis XV et de Marie Leczinska, chef du parti dévôt et adversaire de l'*Encyclopédie*; il mourra en 1765. — 2. Allusion à la mort du Grand Dauphin, fils de
Louis XIV, puis du duc de Bourgogne, petit-fils de Louis XIV.

15 l'église romaine; il est pour eux un objet d'horreur. Ils
aimeraient mieux mourir mille fois que de s'y soumettre,
et les chemises ensoufrées du Saint Office sont l'étendard
contre lequel on les verra toujours réunis. De là vient que
leurs habiles écrivains proposent cette question : « Si
20 les puissances protestantes ne pourraient pas se liguer avec
justice pour détruire à jamais une juridiction cruelle
sous laquelle gémit le christianisme depuis si longtemps? »
Sans prétendre résoudre ce problème, il est permis
d'avancer, avec l'auteur de l'*Esprit des Lois* [1], que si quel-
25 qu'un dans la postérité ose dire qu'au XVIIIe siècle tous
les peuples de l'Europe étaient policés, on citera l'*inquisition*, pour prouver qu'ils étaient en grande partie des
barbares; et l'idée que l'on en prendra sera telle qu'elle
flétrira ce siècle, et portera la haine sur les nations qui
30 adoptaient encore cet établissement [2] odieux.

(de Jaucourt)

INSTINCT

Instinct, s. m. (Métaph. et Hist. natur.). C'est un mot par
lequel on veut exprimer le principe qui dirige les bêtes
dans leurs actions; mais de quelle nature est ce principe?
Quelle est l'étendue de l'*instinct*? [...].
5 Tout le monde connaît la fameuse hypothèse [3]
de M. Descartes, que ni sa grande réputation, ni celle
de quelques-uns de ses sectateurs [4] n'ont pu soutenir.
Les bêtes de la même espèce ont dans leurs opérations
une uniformité qui en a imposé à ces philosophes, et leur a
10 fait naître l'idée d'automatisme; mais cette uniformité
n'est qu'apparente, et l'habitude de voir la fait disparaître
aux yeux exercés. Pour un chasseur attentif il n'est point
deux renards dont l'industrie [5] se ressemble entièrement,
ni deux loups dont la gloutonnerie soit la même.
15 Depuis M. Descartes, plusieurs Théologiens ont cru la
religion intéressée au maintien de cette opinion du méca-

---

1. Montesquieu, *l'Esprit des lois*, XXV, 13 : « Très humble remontrance aux inquisi-
teurs d'Espagne et du Portugal ». — 2. Cette institution. — 3. L'animal n'a qu'un corps
dont les activités sont automatiques (l. 10); il s'adapte grâce à son instinct et ne possède
ni intelligence ni âme; c'est la théorie des « animaux-machines ». — 4. Disciples. — 5.
Les ruses.

nisme des bêtes. Ils n'ont point senti que la bête, quoique
pourvue de facultés qui lui sont communes avec l'homme,
pouvait en être encore à une distance infinie. Aussi l'homme
20 lui-même est-il très distant de l'ange, quoiqu'il partage
avec lui une liberté et une immortalité qui l'approchent du
trône de Dieu.

L'anatomie comparée nous montre dans les bêtes des
organes semblables aux nôtres, et disposés pour les mêmes
25 fonctions relatives à l'économie animale [1]. Le détail de leurs
actions nous fait clairement apercevoir qu'elles sont douées
de la faculté de sentir, c'est-à-dire, qu'elles éprouvent ce
que nous éprouvons lorsque nos organes sont réunis par
l'action des objets extérieurs. Douter si les bêtes ont cette
30 faculté, c'est mettre en doute si nos semblables en sont
pourvus, puisque nous n'en sommes assurés que par les
mêmes signes. Celui qui voudra méconnaître la douleur
à des cris, qui se refusera aux marques sensibles de la joie,
de l'impatience, du désir, ne mérite pas qu'on lui réponde.
35 Non seulement il est certain que les bêtes sentent; il l'est
encore qu'elles se ressouviennent. Sans la mémoire les
coups de fouet ne rendraient point nos chiens sages, et
toute éducation des animaux serait impossible. L'exercice
de la mémoire les met dans le cas de comparer une sensation
40 passée avec une sensation présente. Toute comparaison
entre deux objets produit nécessairement un jugement; les
bêtes jugent donc. La douleur des coups de fouet retracée
par la mémoire, balance dans un chien couchant le plaisir
de courre [2] un lièvre qui part. De la comparaison qu'il fait
45 entre ces deux sensations naît le jugement qui détermine
son action. Souvent, il est entraîné par le sentiment vif du
plaisir; mais l'action répétée des coups rendant plus profond le souvenir de la douleur, le plaisir perd à la comparaison; alors il réfléchit sur ce qui s'est passé, et la réflexion
50 grave dans sa mémoire une idée de relation entre un lièvre
et des coups de fouet. Cette idée devient si dominante
qu'enfin la vue d'un lièvre lui fait serrer la queue, et rega-
gner promptement son maître. L'habitude de porter les
mêmes jugements les rend si prompts, et leur donne l'air

---

1. L'ensemble des parties qui constituent l'animal. — 2. Poursuivre; cf. « chasse à courre ».

⁵⁵ si naturel, qu'elle fait méconnaître la réflexion qui les a réduits en principes; c'est l'expérience aidée de la réflexion qui fait qu'une belette juge sûrement de la proportion entre la grosseur de son corps, et l'ouverture par laquelle elle veut passer [1]. Cette idée une fois établie devient habituelle
⁶⁰ par la répétition des actes qu'elle produit, et elle épargne à l'animal toutes les tentatives inutiles; mais les bêtes ne doivent pas seulement à la réflexion de simples idées de relation : elles tiennent encore d'elle des idées indicatives plus compliquées, sans lesquelles elles tomberaient dans
⁶⁵ mille erreurs funestes pour elles. Un vieux loup est attiré par l'odeur d'un appât; mais lorsqu'il veut en approcher, son nez lui apprend qu'un homme a marché dans les environs. L'idée non de la présence, mais du passage d'un homme, lui indique un péril et des embûches. Il hésite donc,
⁷⁰ il tourne pendant plusieurs nuits, l'appétit le ramène aux environs de cet appât dont l'éloigne la crainte du péril indiqué. Si le chasseur n'a pas pris toutes les précautions usitées pour dérober à ce loup le sentiment du piège, si la moindre odeur de fer vient frapper son nez, rien ne ras-
⁷⁵ surera jamais cet animal devenu inquiet par l'expérience.

Ces idées acquises successivement par la sensation et la réflexion, et représentées dans leur ordre par l'imagination et par la mémoire, forment le système des connaissances de l'animal, et la chaîne de ses habitudes; mais c'est l'atten-
⁸⁰ tion qui grave dans sa mémoire tous les faits qui concourent à l'instruire; et l'attention est le produit de la vivacité des besoins. Il doit s'ensuivre que parmi les animaux ceux qui ont des besoins plus vifs ont plus de connaissances acquises

---

● **Sensibilité et mémoire chez les animaux**

① Quels sont les arguments utilisés contre la théorie cartésienne des animaux-machines?

② Comment se forme le *jugement* (l. 41)?

③ Montrer l'importance du rôle attribué aux besoins.

④ Dans quelle mesure peut-on rapprocher cet article du *Discours à Madame de La Sablière* (La Fontaine, *Fables*, IX).

---

1. Cf. La Fontaine, *Les Souris et le Chat-huant* (Fables, XI, 9).

que les autres. En effet on aperçoit au premier coup d'œil
85 que la vivacité des besoins est la mesure de l'intelligence
dont chaque espèce est douée, et que les circonstances qui
peuvent rendre pour chaque individu les besoins plus ou
moins pressants, étendent plus ou moins le système de ses
connaissances.

(Georges Le Roy)

INTOLÉRANCE

[...] Il est impie d'exposer la religion aux imputa-
tions [1] odieuses de tyrannie, de dureté, d'injustice, d'inso-
ciabilité, même dans le dessein d'y ramener ceux qui
s'en seraient malheureusement écartés.
5   L'esprit ne peut acquiescer qu'à ce qui lui paraît vrai;
le cœur ne peut aimer que ce qui lui semble bon. La
violence fera de l'homme un hypocrite, s'il est faible;
un martyr s'il est courageux. Faible et courageux, il
sentira l'injustice de la persécution et s'en indignera.
10   L'instruction, la persuasion et la prière, voilà les seuls
moyens légitimes d'étendre la religion.
Tout moyen qui excite la haine, l'indignation et le mépris,
est impie.
Tout moyen qui réveille les passions et qui tient à des
15   vues intéressées, est impie.
Tout moyen qui relâche les liens naturels et éloigne les
pères des enfants, les frères des frères, les sœurs des
sœurs, est impie.
Tout moyen qui tendrait à soulever les hommes, à armer
20   les nations et tremper la terre de sang, est impie. [...]
Si vos opinions vous autorisent à me haïr, pourquoi mes
opinions ne m'autoriseront-elles pas à vous haïr aussi?
Si vous criez « c'est moi qui ai la vérité de mon côté », je
crierai aussi haut que vous « c'est moi qui ai la vérité de
25   mon côté »; mais j'ajouterai : et qu'importe qui se trompe
ou de vous ou de moi, pourvu que la paix soit entre nous?
Si je suis aveugle, faut-il que vous frappiez un aveugle
au visage?
[...] Si un prince incrédule a un droit incontestable à
30   l'obéissance de son sujet, un sujet mécroyant a un droit

---

1. Accusations.

incontestable à la protection de son prince. C'est une obligation réciproque.

Si le prince dit que le sujet est indigne de vivre, n'est-il pas à craindre que le sujet ne dise que le prince infidèle
35 est indigne de régner? *Intolérants*, hommes de sang, voyez les suites de vos principes et frémissez-en. Hommes que j'aime, quels que soient vos sentiments, c'est pour vous que j'ai recueilli ces pensées que je vous conjure de méditer. Méditez-les, et vous abdiquerez un système
40 atroce qui ne convient ni à la droiture de l'esprit ni à la bonté du cœur.

Opérez votre salut. Priez pour le mien, et croyez que tout ce que vous vous permettez au-delà est d'une injustice abominable aux yeux de Dieu et des hommes.

(Diderot)

IRRÉLIGIEUX

Irréligieux, adj. (Gramm.), qui n'a point de religion, qui manque de respect pour les choses saintes, et qui n'admettant point de Dieu, regarde la piété et les autres vertus qui tiennent à leur existence et à leur culte, comme des mots
5 vides de sens.

On n'est irréligieux que dans la société dont on est membre : il est certain qu'on ne fera à Paris aucun crime à un mahométan, de son mépris pour la loi de Mahomet, ni à Constantinople aucun crime à un chrétien de l'oubli
10 de son culte.

Il n'en est pas ainsi des principes moraux : ils sont les mêmes partout. L'inobservance en est et en sera répréhensible dans tous les lieux et dans tous les temps. Les peuples sont partagés en différents cultes religieux ou
15 *irréligieux*, selon l'endroit de la surface de la terre où ils se transportent ou qu'ils habitent : la morale est la même partout.

● **Une morale laïque**

① Montrer que, pour Diderot :

— la sociabilité est l'effet naturel de la sensibilité et des besoins;
— la référence à Dieu n'implique aucun sentiment religieux;
— la morale est indépendante de toute religion.

C'est la loi universelle que le doigt de Dieu a gravée dans tous les cœurs.

20   C'est le précepte éternel de la sensibilité et des besoins communs.

Il ne faut donc pas confondre l'immoralité et l'irréligion. La moralité peut être sans la religion, et la religion peut être, est même souvent avec l'immoralité.

25   Sans étendre ses vues au-delà de cette vie, il y a une foule de raisons qui peuvent démontrer à un homme que pour être heureux dans ce monde, tout bien pesé, il n'y a rien de mieux à faire que d'être vertueux.

Il ne faut que du sens [1] et de l'expérience pour sentir qu'il
30   n'y a aucun vice qui n'entraîne avec lui quelque portion de malheur, et aucune vertu qui ne soit accompagnée de quelque portion de bonheur; qu'il est impossible que le méchant soit tout à fait heureux, et l'homme de bien tout à fait malheureux, et que malgré l'intérêt et l'attrait
35   du moment, il n'a pourtant qu'une conduite à tenir.   [...]

                                                (Diderot)

JÉSUITE

[...] Lisez dans l'arrêt [2] du parlement de Paris, publié le 6 août 1762, la liste infamante des condamnations qu'ils [3] ont subies à tous les tribunaux du monde chrétien, et la liste plus infamante encore des qualifications qu'on
5   leur a données.

On s'arrêtera sans doute ici pour se demander comment cette société s'est affermie, malgré tout ce qu'elle a fait pour se perdre; illustrée, malgré tout ce qu'elle a fait pour s'avilir; comment elle a obtenu la confiance des
10   souverains en les assassinant, la protection du clergé en le dégradant, une si grande autorité dans l'Église en la remplissant de troubles, et en pervertissant sa morale et ses dogmes.

C'est ce qu'on a vu en même temps dans le même corps,
15   la raison assise à côté du fanatisme, la vertu à côté du vice, la religion à côté de l'impiété, le rigorisme à côté du relâchement; la science à côté de l'ignorance, l'esprit de

---

1. Du bon *sens*. — 2. *Arrêt* définitif qui supprimait radicalement la compagnie de Jésus en France. — 3. Les Jésuites.

retraite à côté de l'esprit de cabale et d'intrigue, tous les contrastes réunis. Il n'y a que l'humilité qui n'a jamais
20 pu trouver asile parmi ces hommes. [...]

Leur journaliste de Trévoux [1], bon homme, à ce qu'on dit, mais auteur médiocre et pauvre politique, leur a fait avec son livret bleu mille ennemis redoutables, et ne leur a pas fait un ami.

25 Il a bêtement irrité contre sa société [2] notre de Voltaire [3], qui a fait pleuvoir sur elle et sur lui le mépris et le ridicule, le peignant lui, comme un imbécile, et ses confrères, tantôt comme des gens dangereux et méchants; tantôt comme des ignorants, donnant l'exemple et le ton à tous
30 nos plaisants subalternes, et nous apprenant qu'on pouvait impunément se moquer d'un *Jésuite*, et aux gens du monde qu'ils en pouvaient rire sans conséquence [4]. Les *Jésuites* étaient mal depuis très longtemps avec les dépositaires des lois, et ils ne songeaient pas que les magis-
35 trats, aussi durables qu'eux, seraient à la longue les plus forts.

Ils ont ignoré la différence qu'il y a entre des hommes nécessaires et des moines turbulents, et que si l'état était jamais dans le cas de prendre un parti, il tournerait le
40 dos avec dédain à des gens que rien ne recommandait plus. [...]

(Diderot)

JOURNALIER

Journalier, s. m. (Gram.), ouvrier qui travaille de ses mains, et qu'on paie au jour la journée. Cette espèce d'hommes forme la plus grande partie d'une nation; c'est son sort qu'un bon gouvernement doit avoir principalement en vue.
5 Si le *journalier* est misérable, la nation est misérable.

(Diderot)

1. Berthier, rédacteur du *Journal de Trévoux*, organe des Jésuites. — 2. La Compagnie de Jésus. — 3. Nous supprimerions la particule aujourd'hui. — 4. Cf. Voltaire, *Relation de la maladie, de la confession, de la mort et de l'apparition du Jésuite Berthier* (1759) et *Relation du voyage de Frère Garassise, neveu du frère Garasse, successeur de Frère Berthier* (1760).

LUXE

Luxe, c'est l'usage qu'on fait des richesses et de l'industrie
pour se procurer une existence agréable.

   Le *luxe* a pour cause première ce mécontentement de
notre état; ce désir d'être mieux, qui est et doit être dans
5 tous les hommes. Il est en eux la cause de leurs passions,
de leurs vertus et de leurs vices. Ce désir doit nécessairement leur faire aimer et rechercher les richesses; le désir
de s'enrichir entre donc et doit entrer dans le nombre des
ressorts de tout gouvernement qui n'est pas fondé sur
10 l'égalité et la communauté des biens; or l'objet principal de ce désir doit être le *luxe;* il y a donc du *luxe* dans
tous les états, dans toutes les sociétés : le sauvage a son
hamac qu'il achète pour des peaux de bêtes; l'européen a
son canapé, son lit; nos femmes mettent du rouge et des
15 diamants, les femmes de la Floride mettent du bleu et des
boules de verre.

   Le *luxe* a été de tout temps le sujet des déclamations des
Moralistes, qui l'ont censuré avec plus de morosité que de
lumière.
20 [...] Voyons ce que doit être l'esprit national d'un
peuple qui rassemble chez lui tous les objets possibles du
plus grand *luxe*, mais que sait maintenir dans l'ordre un
gouvernement sage et vigoureux, également attentif à
conserver les véritables richesses de l'état et les mœurs.
25 Ces richesses et ces mœurs sont le fruit de l'aisance du
grand nombre, et surtout de l'attention extrême de la
part du gouvernement à diriger toutes ses opérations
pour le bien général, sans acceptions[1] ni de classes ni
de particuliers, et de se parer sans cesse aux yeux du
30 public de ces intentions vertueuses.

   Partout ce grand nombre est ou doit être composé des
habitants de la campagne, des cultivateurs; pour qu'ils
soient dans l'aisance, il faut qu'ils soient laborieux;
pour qu'ils soient laborieux, il faut qu'ils aient l'espérance
35 que leur travail leur procurera un état agréable; il faut
aussi qu'ils en aient le désir. Les peuples tombés dans
le découragement, se contentent volontiers du simple
nécessaire, ainsi que les habitants de ces contrées fertiles

---

1. Sans préférences.

où la nature donne tout, et où tout languit, si le législa-
40   teur ne sait point introduire la vanité et à la suite un peu
de *luxe*. Il faut qu'il y ait dans les villages, dans les plus
petits bourgs, des manufactures d'ustensiles, d'étoffes, etc.
nécessaires à l'entretien et même à la parure grossière
des habitants de la campagne : ces manufactures y aug-
45   menteront encore l'aisance et la population. C'était le
projet du grand Colbert, qu'on a trop accusé d'avoir
voulu faire des Français une nation seulement commerçante [1].

Lorsque les habitants de la campagne sont bien traités,
50   insensiblement le nombre des propriétaires s'augmente
parmi eux : on y voit diminuer l'extrême distance et la vile
dépendance du pauvre au riche; de là ce peuple a des
sentiments élevés, du courage, de la force d'âme, des corps
robustes, l'amour de la patrie, du respect, de l'attachement
55   pour des magistrats, pour un prince, un ordre, des lois
auxquels il doit son bien-être et son repos : il tremble moins
devant son seigneur, mais il craint sa conscience, la
perte de ses biens, de son honneur et de sa tranquillité. Il vendra chèrement son travail aux riches, et on
60   ne verra pas le fils de l'honorable laboureur quitter si
facilement le noble métier de ses pères pour aller se souiller
des livrées et du mépris de l'homme opulent. [...]

Puisque le désir de s'enrichir et celui de jouir de ses
richesses sont dans la nature humaine dès qu'elle est en
65   société; puisque ces désirs soutiennent, enrichissent,
vivifient toutes les grandes sociétés; puisque le *luxe* est
un bien, et que par lui-même il ne fait aucun mal, il ne
faut donc ni comme philosophe ni comme souverain
attaquer le *luxe* en lui-même.

70   Le souverain corrigera les abus qu'on peut en faire et
l'excès où il peut être parvenu, quand il réformera dans
l'administration ou dans la constitution les fautes ou
les défauts qui ont amené cet excès ou ces abus.

Dans un pays où les richesses se seraient entassées en
75   masse dans une capitale, et ne se partageraient qu'entre

---

1. La défense de l'agriculture ne fait jamais oublier aux Encyclopédistes qu'il faut produire des objets manufacturés pour éviter d'appauvrir le royaume en les achetant à l'étran-
g er. Diderot développe ce point de vue cher à Colbert dans l'article *Acier*. Voir p. 128 *Petite
et Grande Industrie*.

un petit nombre de citoyens chez lesquels régnerait
sans doute le plus grand *luxe*, ce serait une grande absurdité de mettre tout à coup les hommes opulents dans la
nécessité de diminuer leur *luxe ;* ce serait fermer les
80　canaux par où les richesses peuvent revenir du riche au
pauvre ; et vous réduiriez au désespoir une multitude
innombrable de citoyens que le *luxe* fait vivre ; ou bien
ces citoyens, étant des artisans moins attachés à leur
patrie que l'agriculture, ils passeraient en foule chez
85　l'étranger.

Avec un commerce aussi étendu, une industrie aussi
universelle, une multitude d'arts perfectionnés, n'espérez
pas aujourd'hui ramener l'Europe à l'ancienne simplicité ; ce serait la ramener à la faiblesse et à la barbarie.
90　Je prouverai ailleurs combien le *luxe* ajoute au bonheur
de l'humanité ; je me flatte qu'il résulte de cet article
que le *luxe* contribue à la grandeur et à la force des états,
et qu'il faut l'encourager, l'éclairer et le diriger.

(Saint-Lambert)

● **Le problème du luxe**

Le problème du luxe est très débattu, au XVIIIᵉ siècle, par les
philosophes et les économistes.
Montesquieu, dans ses *Lettres persanes* (Lettre 105, *S. L. B.*
p. 134), Voltaire dans ses *Lettres philosophiques* (Lettre X,
Sur le commerce) font l'apologie du luxe, source de richesse pour
les États et de profit pour les particuliers.
Au contraire, Rousseau, dans le *Discours sur les sciences et les
arts*, impute au luxe la décadence morale des sociétés.

① A quelles raisons Saint-Lambert attribue-t-il la recherche
du luxe ?

② Dégager, dans le cinquième paragraphe (l. 31-48), le but qui
justifie l'exercice de l'autorité politique.

③ Comment le luxe contribue-t-il, selon Saint-Lambert, à la
prospérité économique ?

④ Souligner, dans le septième paragraphe (l. 63-69), la liaison
entre l'amour de la patrie et le bonheur du propriétaire (voir
l'article *Patrie*, p. 141, et *cf.* Voltaire, *Questions sur l'Encyclopédie : Qu'est-ce donc que la patrie ?*).

⑤ Quelle attitude est finalement conseillée au « philosophe »
et au monarque « éclairé » devant le luxe ?

⑥ Relever les passages où Saint-Lambert insiste sur l'inter-
dépendance des problèmes économiques, politiques et humains.

MALFAISANT

Malfaisant, adj. (Gram. et Morale), qui nuit, qui fait du mal.
Si l'homme est libre, c'est-à-dire, si l'âme a une activité qui
lui soit propre, et en vertu de laquelle elle puisse se déter-
miner à faire ou ne pas faire une action, quelles que soient
⁵ ses habitudes ou celles du corps, ses idées, ses passions, le
tempérament, l'âge, les préjugés, etc., il y a certainement
des hommes vertueux et des hommes vicieux; s'il n'y a
point de liberté, il n'y a plus que des hommes bienfaisants
et des hommes *malfaisants ;* mais les hommes n'en sont pas
¹⁰ moins modifiables en bien et en mal; les bons exemples,
les bons discours, les châtiments, les récompenses, le
blâme, la louange, les lois ont toujours leur effet : l'homme
malfaisant est malheureusement né.

(Diderot)

MANUFACTURE

Manufacture, s. f., lieu où plusieurs ouvriers s'occupent
d'une même sorte d'ouvrage. [...]
On peut distinguer deux sortes de *manufactures :*
les unes *réunies* et les autres *dispersées.* Celles du pre-
⁵ mier genre sont établies de toute nécessité pour les ouvrages
qui ne peuvent s'exécuter que par un grand nombre
de mains rassemblées, qui exigent, soit pour le premier
établissement, soit pour la suite des opérations qui s'y
font, des avances considérables, dans lesquelles les ouvrages
¹⁰ reçoivent successivement différentes préparations et
telles qu'il est nécessaire qu'elles se suivent promptement; et enfin celles qui, par leur nature, sont assujetties
à être placées dans un certain terrain. Telles sont les forges,
les fonderies, les tréfileries [1], les verreries, les *manufactures*
¹⁵ de porcelaine, de tapisseries et autres pareilles. Il faut pour
que celles de cette espèce soient utiles aux entrepreneurs :
1º Que les objets dont elles s'occupent ne soient point
exposés au caprice de la mode, ou qu'ils ne le soient du
moins que pour des variétés dans les espèces du même
²⁰ genre;
2º Que le profit soit assez fixe et assez considérable
pour compenser tous les inconvénients auxquels elles sont
exposées nécessairement et dont il sera parlé ci-après;

---

1. Fabriques de fil de fer ou de laiton.

25   3º Qu'elles soient, autant qu'il est possible, établies dans les lieux mêmes où se recueillent et se préparent les matières premières, où les ouvriers dont elles ont besoin puissent facilement se trouver, et où l'importation de ces premières matières et l'exportation des ouvrages puissent se faire facilement et à peu de frais.

30   Enfin, il faut qu'elles soient protégées par le gouvernement. Cette protection doit avoir pour objet de faciliter la fabrication des ouvrages en modérant les droits sur les matières premières qui s'y consomment et en accordant quelques privilèges et quelques exemptions aux ouvriers

35 les plus nécessaires, et dont l'occupation exige des connaissances et des talents; mais aussi, en les réduisant aux ouvriers de cette espèce, une plus grande extension serait inutile à la *manufacture* et onéreuse au reste du public. Un autre moyen de protéger les *manufactures* est de dimi-

---

● **Petite et grande industrie**

La grande industrie est encore rare en 1750. Son installation se heurte au manque de capitaux et à la pénurie de la main-d'œuvre, attachée à la terre ou retenue par les corporations. L'auteur de l'article reprend les idées mercantiles de Colbert, soucieux de créer en France les industries qui y faisaient défaut et soutenant leur installation par des privilèges garantissant une aide administrative et financière.

Cf. l'article *Acier* (Diderot) : *Il sort du royaume près de trois millions par an pour l'acier qui y entre. Cet objet est assez considérable pour qu'on y fît plus d'attention, qu'on éprouvât nos fers avec plus de soin, et qu'on tâchât enfin d'en obtenir ou de l'acier naturel ou de l'acier artificiel, qui nous dispensât de nous en fournir auprès de l'étranger.*

Aux manufactures colbertiennes s'opposent les manufactures dispersées, indépendantes de tout gros capital commercial et employant une main-d'œuvre libre. L'auteur de l'article *Manufacture* est sensible à l'esprit d'entreprise dont font preuve certains maîtres ouvriers. On peut songer à la « boutique » du père de Diderot. *Cf.* J. Proust (ouvrage cité, p. 175) : *Le père de Diderot n'était pas seulement un petit boutiquier travaillant avec quelques compagnons et apprentis, et vendant le produit de son travail. Son testament montre qu'à l'exemple des marchands-fabricants il donnait aussi de l'ouvrage à façon à des ouvriers plus modestes que lui. Il semble bien qu'il ait ainsi contrôlé un assez grand nombre de boutiques et d'ateliers, dans toute la région de Langres.*

40 nuer les droits de sortie pour l'étranger et ceux de traite
et de détail dans l'intérieur de l'état.

C'est ici l'occasion de dire que la première, la plus
générale et la plus importante maxime qu'il y ait à suivre
sur l'établissement des *manufactures* est de n'en permettre
45 aucune (hors le cas d'absolue nécessité) dont l'objet soit
d'employer des principales matières premières venant de
l'étranger, si surtout on peut y suppléer par celles du pays,
même en qualité inférieure.

L'autre espèce de *manufacture* est de celles qu'on peut
50 appeler *dispersées*, et telles doivent être toutes celles dont
les objets ne sont pas assujettis aux nécessités indiquées
dans l'article ci-dessus; ainsi tous les ouvrages qui peuvent
s'exécuter par chacun dans sa maison, dont chaque ouvrier
peut se procurer par lui-même ou par d'autres les matières
55 premières qu'il peut fabriquer dans l'intérieur de sa famille,
avec le secours de ses enfants, de ses domestiques ou de
ses compagnons, peut et doit faire l'objet de ces fabriques
dispersées. Telles sont les fabriques de draps, de serges,
de toiles, de velours, petites étoffes de laine et de soie ou
60 autres pareilles.

MÉLANCOLIE RELIGIEUSE

Mélancolie religieuse (Théol.), tristesse née de la fausse idée
que la religion proscrit les plaisirs innocents, et qu'elle n'ordonne aux hommes pour les sauver, que le jeûne, les
larmes et la contrition du cœur.

5 Cette tristesse est tout ensemble une maladie du corps
et de l'esprit, qui procède du dérangement de la machine [1],
de craintes chimériques et superstitieuses, de scrupules
mal fondés et de fausses idées qu'on se fait de la religion.
Ceux qui sont attaqués de cette cruelle maladie regardent
10 la gaieté comme le partage des réprouvés, les plaisirs
innocents comme des outrages faits à la Divinité, et les
douceurs de la vie les plus légitimes, comme une pompe
mondaine, diamétralement opposée au salut éternel.

L'on voit néanmoins tant de personnes d'un mérite émi-
15 nent, pénétrées de ces erreurs, qu'elles sont dignes de la

---

1. Ensemble des organes qui composent le corps de l'homme.

plus grande compassion, et du soin charitable que doivent
prendre les gens également vertueux et éclairés, pour
les guérir d'opinions contraires à la vérité, à la raison,
à l'état de l'homme, à sa nature, et au bonheur de son
20   existence.

(de Jaucourt)

MÉTALLURGIE

[...] Si la nature nous présentait toujours les métaux parfaitement purs et dégagés de substances étrangères, au
point d'avoir la ductilité [1] et la malléabilité [2], rien ne serait
plus aisé que la *métallurgie ;* cet art se bornerait à exposer
5   les métaux à l'action du feu pour les faire fondre et pour
leur faire prendre la forme que l'on jugerait à propos.
Mais il n'en est point ainsi, et il est très rare de trouver
des métaux purs dans le sein de la terre; et lorsqu'on en
trouve de cette espèce ils sont ordinairement en particules
10   déliées, et ils sont attachés à des terres ou à des pierres
dont il faut les séparer avant que de pouvoir en former
des masses d'une grandeur convenable aux usages auxquels
on les destine. [...]

*D'Holbach énumère les opérations successives qui
s'effectuent à partir des minerais et souligne la nécessité,
pour le savant, de l'union entre la théorie et la pratique.*

L'étude de la *métallurgie* ne doit donc point être regar-
15   dée comme un métier, elle mérite, au contraire, toute
l'attention du physicien-chimiste, pour qui les différents

● **Science et philosophie**

① Montrer que l'article *Métallurgie* justifie le jugement de
Jacques Proust (*L'Encyclopédie*, p. 130) sur la contribution du
baron d'Holbach dans le domaine de la minéralogie : « D'Holbach
est surtout préoccupé des applications concrètes de la science
minéralogique et réciproquement il pense, en bon encyclopé-
diste, que le pur savant peut tirer grand profit d'une réflexion
sérieuse sur l'expérience des praticiens. »

---

1. Capacité de s'étirer sans rompre. — 2. Propriété de s'étendre sous le marteau en
lames plus ou moins minces.

travaux sur les métaux et sur les mines fourniront une suite d'expériences propres à faire connaître la vraie nature des substances du règne minéral.

(d'Holbach)

MONARCHIE

Monarchie, s. f. (Gouvernement politique), forme de gouvernement où un seul gouverne par des lois fixes et établies [1].

La *monarchie* est cet état dans lequel la souveraine puissance, et tous les droits qui lui sont essentiels, réside
5 indivisément dans un seul homme appelé *roi*, *monarque*, ou *empereur*.

MONARCHIE ABSOLUE, forme de monarchie dans laquelle le corps entier des citoyens a cru devoir conférer la souveraineté au prince, avec l'étendue et le pouvoir absolu
10 qui résidait en lui originairement, et sans y ajouter de restriction particulière, que celle des lois établies. Il ne faut pas confondre le pouvoir absolu d'un tel monarque, avec le pouvoir arbitraire et despotique; car l'origine et la nature de la *monarchie* absolue est limitée par sa nature
15 même, par l'intention de ceux de qui le monarque la tient, et par les lois fondamentales de son état. Comme les peuples qui vivent sous une bonne police [2], sont plus heureux que ceux qui, sans règles et sans chef, errent dans les forêts; aussi les monarques qui vivent sous les
20 lois fondamentales de leur état sont-ils plus heureux que les princes despotiques, qui n'ont rien qui puisse régler le cœur de leurs peuples, ni le leur.

MONARCHIE LIMITÉE, sorte de *monarchie* où les trois pouvoirs sont tellement fondus ensemble, qu'ils se servent l'un
25 à l'autre de balance et de contrepoids. La *monarchie limitée* héréditaire, paraît être la meilleure forme de *monarchie*, parce qu'indépendamment de sa stabilité, le corps législatif y est composé de deux parties, dont l'une enchaîne l'autre par leur faculté mutuelle d'empêcher;
30 et toutes les deux sont liées par la puissance exécutrice,

---

1. Jaucourt reprend la définition de Montesquieu (*l'Esprit des Lois*, II, 1). — 2. Administration politique.

qui l'est elle-même par la législative. Tel est le gouvernement d'Angleterre, dont les racines toujours coupées,
toujours sanglantes, ont enfin produit après des siècles,
à l'étonnement des nations, le mélange égal de la liberté
35   et de la royauté [1]. Dans les autres *monarchies* européennes
que nous connaissons, les trois pouvoirs n'y sont pas
fondus de cette manière; ils ont chacun une distribution
particulière suivant laquelle ils approchent plus ou moins
de la liberté politique. Il paraît qu'on jouit en Suède de
40   ce précieux avantage, autant qu'on en est éloigné au
Danemark; mais la *monarchie* de Russie est un pur despotisme.

(de Jaucourt)

MOSAÏQUE ET CHRÉTIENNE (philosophie)

Mosaïque [2] **et chrétienne** (*philosophie*) (Hist. de la philosophie).
Le scepticisme et la crédulité sont deux vices également
indignes d'un homme qui pense. Parce qu'il y a des choses
fausses, toutes ne le sont pas; parce qu'il y a des choses
5   vraies, toutes ne le sont pas. Le philosophe ne nie ni n'admet rien sans examen; il a dans sa raison une juste
confiance; il sait par expérience que la recherche de la vérité
est pénible mais il ne la croit point impossible; il ose descendre au fond de son puits, tandis que l'homme méfiant
10   ou pusillanime se tient courbé sur les bords et juge de là,
se trompant, soit qu'il prononce qu'il l'aperçoit malgré
la distance et l'obscurité, soit qu'il prononce qu'il n'y a
personne. De là cette multitude incroyable d'opinions
diverses; de là le doute; de là le mépris de la raison et
15   de la philosophie; de là la nécessité prétendue de recourir
à la révélation, comme au seul flambeau qui puisse nous
éclairer dans les sciences naturelles et morales; de là
le mélange monstrueux de la Théologie et des systèmes;
mélange qui a achevé de dégrader la religion et la philo-
20   sophie : la religion, en l'assujettissant à la discussion;
la philosophie, en l'assujettissant à la foi. On raisonna
quand il fallait croire, on crut quand il fallait raisonner;
et l'on vit éclore en un moment une foule de mauvais

---

1. Cf. ce que dit Voltaire dans ses *Lettres philosophiques ou Lettres anglaises*, VIII et
IX. — 2. Philosophie de Moïse.

chrétiens et de mauvais philosophes. La nature est le
²⁵ seul livre du philosophe : les saintes Écritures sont le
seul livre du théologien. Ils ont chacun leur argumen-
tation particulière. L'autorité de l'église, de la tradition,
des pères, de la révélation, fixe l'un; l'autre ne reconnaît
que l'expérience et l'observation pour guides : tous les
³⁰ deux usent de leur raison, mais d'une manière particulière
et diverse qu'on ne confond point sans inconvénient
pour les progrès de l'esprit humain, sans péril pour la
foi : c'est ce que ne comprirent point ceux qui, dégoûtés
de la philosophie sectaire et du pyrrhonisme [1], cherchèrent
³⁵ à s'instruire des sciences naturelles dans les sources où
la science du salut était et avait été jusqu'alors la seule
à puiser. Les uns s'en tinrent scrupuleusement à la lettre
des Écritures, les autres comparant le récit de Moïse
avec les phénomènes, et n'y remarquant pas toute la
⁴⁰ conformité qu'ils désiraient, s'embarrassèrent dans des
explications allégoriques [2] : d'où il arriva qu'il n'y a point
d'absurdités que les premiers ne soutinrent; point de
découvertes que les autres n'aperçussent dans le même
ouvrage. [...]   (Diderot)

● **L'athéisme de Diderot**

  Dans une note à l'article *Mosaïque* reproduit dans l'*Encyclopédie
  méthodique* de Panckoucke en 1791, Naigeon écrit : « Diderot
  était un athée, et même un athée très ferme et très réfléchi »
  (*Encyclopédie méthodique*, XVI, p. 134, n. 1). Et il ajoute que la
  « tyrannie » du gouvernement et de l'Église a contraint Diderot
  à présenter sa pensée sous une forme prudente.

  ① Comment Diderot souligne-t-il la contradiction entre la foi
  et les exigences de la raison?

MULTITUDE

Méfiez-vous du jugement de la *multitude ;* dans les
matières de raisonnement et de philosophie, sa voix alors
est celle de la méchanceté, de la sottise, de l'inhumanité,
de la déraison et du préjugé. Méfiez-vous-en encore dans
⁵ les choses qui supposent ou beaucoup de connaissances,

---

1. Scepticisme absolu. — 2. Consistant à interpréter la Bible comme une série de
symboles.

ou un goût exquis. La *multitude* est ignorante et hébétée.
Méfiez-vous-en surtout dans le premier moment; elle
juge mal, lorsqu'un certain nombre de personnes, d'après
lesquelles elle réforme ses jugements, ne lui ont pas encore
10 donné le ton. Méfiez-vous-en dans la morale; elle n'est
pas capable d'actions fortes et généreuses : elle en est
plus étonnée qu'approbatrice; l'héroïsme est presque une
folie à ses yeux. Méfiez-vous-en dans les choses de sentiment; la délicatesse de sentiments est-elle donc une qualité
15 si commune qu'il faille l'accorder à la *multitude?* En quoi
donc, et quand est-ce que la *multitude* a raison? En tout;
mais au bout d'un très long temps, parce qu'alors c'est
un écho qui répète le jugement d'un petit nombre d'hommes
sensés qui forment d'avance celui de la postérité. Si vous
20 avez pour vous le témoignage de votre conscience, et
contre vous celui de la *multitude*, consolez-vous-en, et
soyez sûr que le temps fait justice [1].

(Diderot)

NAÎTRE

Naître, v. neut. (Gram.), venir au monde. S'il fallait donner
une définition bien rigoureuse de ces deux mots, *naître* et
mourir, on y trouverait peut-être de la difficulté. *Ce que
nous allons dire est purement systématique.* A proprement
5 parler, on ne *naît* point, on ne meurt point; on était dès le
commencement des choses, et on sera jusqu'à leur consommation [2]. Un point qui vivait s'est accru, développé,
jusqu'à un certain terme, par la juxtaposition successive
d'une infinité de molécules [3]. Passé ce terme, il décroît, et se
10 résout en molécules séparées qui vont se répandre dans la
masse générale et commune. La vie ne peut être le résultat
de l'organisation; imaginez les trois molécules A, B, C; si
elles sont sans vie dans la combinaison A, B, C, pourquoi
commenceraient-elles à vivre dans la combinaison B, C, A,
15 ou C, A, B? Cela ne se conçoit pas. Il n'en est pas de la
vie commune du mouvement; c'est autre chose : ce qui a
vie a mouvement; mais ce qui se meut ne vit pas pour

---

1. Cf. Voltaire, *Dictionnaire philosophique*, article *Blé*. — 2. Achèvement. — 3. Particules élémentaires et indivisibles de la matière.

cela. Si l'air, l'eau, la terre, et le feu viennent à se combiner,
d'inertes qu'ils étaient auparavant, ils deviendront d'une
20 mobilité incoercible [1]; mais ils ne produiront pas la vie.
La vie est une qualité essentielle et primitive dans l'être
vivant; il ne l'acquiert point; il ne la perd point. Il faut
distinguer une vie inerte et une vie active : elles sont entre
elles comme la force vive et la force morte : ôtez l'obstacle,
25 et la force morte deviendra force vive : ôtez l'obstacle,
et la vie inerte deviendra vie active. Il y a encore la vie de
l'élément, et la vie de l'agrégat ou de la masse [2] : rien n'ôte
et ne peut ôter à l'élément sa vie : l'agrégat ou la masse
est avec le temps privée de la sienne : on vit en un point
30 qui s'étend jusqu'à une certaine limite, sous laquelle
la vie est circonscrite en tout sens; cet espace sous lequel
on vit diminue peu à peu; la vie devient moins active
sous chaque point de cet espace; il y en a même sous
lesquels elle a perdu toute son activité avant la disso-
35 lution de la masse [2], et l'on finit par vivre en une infinité
d'atomes [3] isolés. Les termes de vie et de mort n'ont rien
d'absolu; ils ne désignent que les états successifs d'un
même être. [...]

(Diderot)

● **Matérialisme et transformisme**

Dans *le Rêve de d'Alembert*, Diderot développe un postulat matérialiste : le monde n'est que matière et mouvement. La matière,
siège d'une énergie latente et d'une sensibilité sourde, possède
une vie élémentaire éternelle. L'animal, l'homme, le végétal
s'expliquent par des dosages d'éléments : *Tous les êtres circulent
les uns dans les autres... tout est en un flux perpétuel... Et la vie?...
La vie, une suite d'actions et de réactions... Vivant, j'agis et je
réagis en masse... mort j'agis et je réagis en molécules... Je ne meurs
donc point?... Non, sans doute, je ne meurs point en ce sens, ni
moi, ni quoi que ce soit... Naître, vivre et passer, c'est changer de
formes...* (*Œuvres philosophiques*, éd. Garnier, p. 311-313).

① Signaler les similitudes et les divergences entre ces formules
et l'article *Naître* (dont l'attribution à Diderot est probable).

② Mettre en valeur la hardiesse philosophique de cet article.

---

1. Impossible à contenir. — 2. Groupement de molécules. — 3. La plus petite unité de
matière vivante.

NATURE

Tout est lié dans la Nature, tous les êtres se tiennent
par une chaîne dont nous apercevons quelques parties
continues, quoique dans un plus grand nombre d'endroits la
continuité nous échappe. [...] L'art du philosophe consiste
5 à ajouter de nouveaux chaînons aux parties séparées afin
de les rendre les moins distantes qu'il est possible [...].
Pour former les chaînons dont nous parlons, il faut avoir
égard à deux choses, aux faits observés, qui forment
la matière des chaînons, et aux lois générales de la Nature,
10 qui en forment le lien.

(d'Alembert)

● **But et méthode de la connaissance**

Pour d'Alembert, l'homme peut et doit connaître la nature,
une nature changeante, dont il saura suivre le cours. L'explication du monde ne comporte pas de ressorts métaphysiques : le
mouvement, la matière et ses lois suffisent.

① Montrer l'ampleur et l'optimisme de cette conception.

NÈGRES

Les Européens font depuis quelques siècles commerce de ces *nègres*, qu'ils tirent de Guinée et des autres
côtes de l'Afrique, pour soutenir les colonies qu'ils ont
établies dans plusieurs endroits de l'Amérique et dans
5 les îles Antilles. On tâche de justifier ce que ce commerce
a d'odieux et de contraire au droit naturel, en disant que
ces esclaves trouvent ordinairement le salut de leur âme
dans la perte de leur liberté; que l'instruction chrétienne
qu'on leur donne, jointe au besoin indispensable que l'on a
10 d'eux pour la culture des sucres, des tabacs, des indi-
gos, etc., adoucissent ce qui paraît d'inhumain dans un
commerce où des hommes en achètent et en vendent
d'autres, comme on ferait des bestiaux pour la culture
des terres.

PAIN BÉNI

Pain béni [1] (Hist. ecclés.). C'est un *pain* que l'on bénit tous
les dimanches à la messe paroissiale, et qui se distribue
ensuite aux fidèles.

5   L'usage était dans les premiers siècles du christianisme,
que tous ceux qui assistaient à la célébration des saints
mystères participaient à la communion du *pain* qui avait été
consacré; mais l'Église ayant trouvé de l'inconvénient dans
cette pratique, à cause des mauvaises dispositions où pouvaient se trouver les chrétiens, restreignit la communion
10 sacramentelle à ceux qui s'y étaient dûment préparés.
Cependant pour conserver la mémoire de l'ancienne communion, qui s'étendait à tous, on continua la distribution
d'un *pain* ordinaire, que l'on bénissait, comme l'on fait
de nos jours.

15   Au reste, le goût du luxe et d'une magnificence onéreuse [2]
à bien du monde, s'étant glissé jusque dans la pratique de la
religion, l'usage s'est introduit dans les grandes villes de
donner au lieu de *pain*, du gâteau plus ou moins délicat,
et d'y joindre d'autres accompagnements coûteux et embar-
20 rassants [3]; ce qui constitue les familles médiocres [4] en des
dépenses qui les incommodent, et qui seraient employées
plus utilement pour de vrais besoins. On ne croirait pas, si
on ne le montrait par un calcul exact, ce qu'il en coûte à la
nation tous les ans pour ce seul article.

25   On sait qu'il y a dans le royaume plus de quarante mille
paroisses où l'on distribue du *pain béni*, quelquefois même à
deux grand'messes en un jour, sans compter ceux des
confréries, ceux des différents corps des arts et du négoce.
J'en ai vu fournir vingt-deux pour une fête par les nouveaux
30 maîtres d'une communauté de Paris. On s'étonne qu'il y
ait tant de misère parmi nous; et moi en voyant nos extravagances et nos folies, je m'étonne bien qu'il n'y en ait pas
encore davantage.

   Quoi qu'il en soit, je crois qu'on peut du fort au faible [5],
35 estimer la dépense du *pain béni*, compris les embarras et les
annexes [6], à quarante sous environ pour chaque fois qu'on
le présente. S'il en coûte un peu moins dans les campagnes,

---

1. Orthographe du XVIIIᵉ siècle. — 2. Coûteuse. — 3. Entraînant des embarras d'argent.
— 4. Moyennes, bourgeoises. — 5. En moyenne. — 6. Les frais accessoires.

il en coûte beaucoup plus dans les villes, et bien des gens
trouveront mon appréciation trop faible; cependant qua-
40 rante mille *pains* à quarante sous pièce, font quatre-vingt
mille livres, somme qui multipliée par cinquante-deux
dimanches, fait plus de quatre millions par an, ci :
4 000 000 livres.

Qui empêche qu'on n'épargne cette dépense au public?
45 On l'a déjà dit ailleurs, le *pain* ne porte pas plus de béné-
diction que l'eau qu'on emploie pour le bénir; et par conséquent on peut s'en tenir à l'eau, qui ne coûte rien, et supprimer la dépense du *pain* laquelle devient une vraie perte.

Par la même occasion, disons un mot du luminaire [1]. Il
50 n'y a guère d'apparence de le supprimer tout-à-fait; nous
sommes encore trop enfants, trop esclaves de la coutume
et du préjugé, pour sentir qu'il est des emplois du bien
plus utiles et plus religieux, que de brûler des cierges dans
une église. Néanmoins tout homme éclairé conviendra
55 qu'on peut épargner les trois quarts du luminaire qui se
prodigue aujourd'hui, et qui n'est proprement qu'une
pieuse décoration. Cela posé, il y a dans le royaume plus de
quarante mille églises en paroisses; on en peut mettre un
pareil nombre pour les églises collégiales [2], couvents, com-
60 munautés, etc., ce qui fait quatre-vingt mille églises pour le
tout. J'estime du plus au moins [3] l'épargne du luminaire
qu'on peut faire en chacune à cinquante livres par année;
cette somme, bien que modique, multipliée par quatre-vingt
mille églises, produit quatre millions par an. Voilà donc
65 avec les quatre millions ci-dessus, une perte annuelle de
huit millions dans le royaume; et cela pour de petits objets
et de menus frais auxquels on n'a peut-être jamais pensé,
ci : 8 000 000 livres.

Combien d'autres inutilités coûteuses en ornements
70 superflus, en sonneries, processions, reposoirs, etc. *Populus*
hic labiis me honorat, cor autem eorum longe est a me
(Matthieu, xv, 8) [4]. [...]

Que de biens plus importants à faire, plus dignes des
imitateurs de Jésus-Christ! Combien de malheureux,
75 estropiés, infirmes, sans secours et sans consolation!

---

1. Les torches et les cierges. — 2. Dotées d'un collège de chanoines. — 3. En moyenne.
— 4. « Mon peuple m'honore des lèvres; mais son cœur est loin de moi. »

Combien de pauvres honteux sans fortune et sans emploi!
Combien de pauvres ménages accablés d'enfants! Combien
enfin de misérables de toute espèce, et dont le soulagement
devrait être le grand objet de la commisération chré-
80 tienne! Objet par conséquent à quoi nous devrions
consacrer tant de sommes que nous prodiguons ailleurs
sans fruit et sans nécessité.

(Damilaville)

PAIX

Paix. [...] La guerre[1] est un fruit de la dépravation des
hommes; c'est une maladie convulsive et violente du corps
politique, il n'est en santé, c'est-à-dire dans son état
naturel que lorsqu'il jouit de la *paix;* c'est elle qui donne
5 de la vigueur aux empires; elle maintient l'ordre parmi
les citoyens; elle laisse aux lois la force qui leur est nécessaire; elle favorise la population[2], l'agriculture et le commerce; en un mot elle procure aux peuples le bonheur qui
est le but de toute société. La guerre au contraire dépeuple
10 les états; elle y fait régner le désordre; les lois sont forcées
de se taire à la vue de la licence qu'elle introduit; elle rend
incertaines la liberté et la propriété des citoyens; elle trou-
ble et fait négliger le commerce; les terres deviennent
incultes et abandonnées. Jamais les triomphes les plus
15 éclatants ne peuvent dédommager une nation de la perte
d'une multitude de ses membres que la guerre sacrifie;
ses victoires même lui font des plaies profondes que la
paix seule peut guérir.

Si la raison gouvernait les hommes, si elle avait sur les
20 chefs des nations l'empire qui lui est dû, on ne les verrait point se livrer inconsidérément aux fureurs de la
guerre, ils ne marqueraient point cet acharnement qui
caractérise les bêtes féroces. Attentifs à conserver une
tranquillité de qui dépend leur bonheur, ils ne saisiraient
25 point toutes les occasions de troubler celle des autres;
satisfaits des biens que la nature a distribués à tous ses
enfants, ils ne regarderaient point avec envie ceux qu'elle
a accordés à d'autres peuples; les souverains sentiraient
que des conquêtes payées du sang de leurs sujets, ne valent
30 jamais le prix qu'elles ont coûté. Mais par une fatalité

---

1. Voir l'article *Guerre*, p. 109. — 2. L'augmentation de *la population*.

déplorable, les nations vivent entre elles dans une défiance
réciproque; perpétuellement occupées à repousser les entreprises injustes des autres, ou à en former elles-mêmes, les
prétextes les plus frivoles leur mettent les armes à la main,
35 et l'on croirait qu'elles ont une volonté permanente de se
priver des avantages que la Providence ou l'industrie [1] leur
ont procurés. Les passions aveugles des princes les portent
à étendre les bornes de leurs états; peu occupés du bien de
leurs sujets, ils ne cherchent qu'à grossir le nombre des
40 hommes qu'ils rendent malheureux. Ces passions allumées
ou entretenues par des ministres ambitieux, ou par des
guerriers dont la profession est incompatible avec le repos,
ont eu dans tous les âges les effets les plus funestes pour
l'humanité. L'histoire ne nous fournit que des exemples de

● **La guerre et la paix**

« Une lettre de Diderot, de la fin de 1761, semble indiquer que
Paix est entre les mains de Damilaville, soit qu'il l'ait rédigé
lui-même, soit qu'il ait confié ce soin à un ami », signale Jacques
Proust (*Diderot et l'Encyclopédie*, p. 537).
L'auteur de l'article a dans l'esprit les guerres de son époque :
la guerre de succession d'Autriche (1741-1748) et la guerre
de Sept Ans qui, en 1761, dure depuis cinq ans.

*La guerre est [...] une maladie convulsive et violente du corps
politique* (l. 1-3).
① Sur quelles conséquences néfastes de la guerre l'article
insiste-t-il tout particulièrement?

Si la raison gouvernait les hommes... (l. 19).
② Comparer ce texte à la dénonciation de la guerre par
La Bruyère (*Caractères*, X, 9 et XII, 19; *cf.* Lagarde et Michard,
*XVII*e *siècle*, p. 421). Souligner la similitude des principes au
nom desquels les deux auteurs s'insurgent contre la guerre.

Les passions aveugles des princes... (l. 37).
Voltaire, dans *Candide* (II et III), cache sous une ironie apparemment désinvolte son indignation contre la criminelle absurdité
de la guerre, « cette boucherie héroïque ». Dans l'article *Guerre*
du *Dictionnaire philosophique* (publié en 1764, alors que l'article
Paix de l'*Encyclopédie* est imprimé, mais non encore distribué),
il condamne les responsables de « cette entreprise infernale » :
*Tant que le caprice de quelques hommes fera loyalement égorger
des milliers de nos frères, la partie du genre humain consacrée à
l'héroïsme sera ce qu'il y a de plus affreux dans la nature entière.*
③ Montrer que Damilaville, comme Voltaire, revendique impli-
citement le droit des peuples à disposer d'eux-mêmes.

1. Leur activité.

⁴⁵ *paix* violées, de guerres injustes et cruelles, de champs
dévastés, de villes réduites en cendres. L'épuisement seul
semble forcer les princes à la *paix ;* ils s'aperçoivent toujours trop tard que le sang du citoyen s'est mêlé à celui
de l'ennemi; ce carnage inutile n'a servi qu'à cimenter
⁵⁰ l'édifice chimérique de la gloire du conquérant, et de ses
guerriers turbulents; le bonheur de ses peuples est la première victime qui est immolée à son caprice ou aux vues
intéressées de ses courtisans. [...]

(Damilaville)

PATRIE

Le rhéteur peu logicien, le géographe qui ne s'occupe
que de la position des lieux, et le lexicographe vulgaire
prennent la *patrie* pour le lieu de la naissance, quel
qu'il soit; mais le philosophe [1] sait que ce mot vient
⁵ du latin *pater*, qui représente un père et des enfants,
et conséquemment, qu'il exprime le sens que nous atta-
chons à celui de *famille*, de *société*, d'*état libre*, dont nous
sommes membres, et dont les lois assurent nos libertés
et notre bonheur. Il n'est point de *patrie* sous le joug du
¹⁰ despotisme. [...]

Telle est la *patrie*. L'amour qu'on lui porte conduit à
la bonté des mœurs, et la bonté des mœurs conduit à
l'amour de la *patrie ;* cet amour est l'amour des lois et
du bonheur de l'état, amour singulièrement affecté aux
¹⁵ démocraties; c'est une vertu politique, par laquelle on
renonce à soi-même, en préférant l'intérêt public au sien
propre; c'est un sentiment et non une suite de connaissances; le dernier homme de l'état peut avoir ce sentiment
comme le chef de la république.

(de Jaucourt)

PEUPLE

*Le sens de ce mot se restreint au XVIIIᵉ siècle : il ne
désigne plus que les « ouvriers » et les « laboureurs ». Jaucourt
réagit contre le mépris qui atteint ces salariés non possédants.*

Qui croirait qu'on a osé avancer de nos jours cette
maxime d'une politique infâme, que de tels hommes ne

---

1. Voir l'article *Philosophe*, p. 142.

doivent point être à leur aise, si l'on veut qu'ils soient
industrieux et obéissants? Si ces prétendus politiques,
5　ces beaux génies pleins d'humanité, voyageaient un peu,
ils verraient que l'industrie n'est nulle part si active
que dans les pays où le petit *peuple* est à son aise, et que
nulle part chaque genre d'ouvrage ne reçoit plus de
perfection. [...] Dans aucune histoire, on ne rencontre
10　un seul trait qui prouve que l'aisance du *peuple* par le
travail, a nui à son obéissance. Concluons qu'Henri IV
avait raison de désirer que son *peuple* fût dans l'aisance,
et d'assurer qu'il travaillerait à procurer à tout laboureur [1]
les moyens d'avoir l'oie grasse dans son pot. Faites
15　passer beaucoup d'argent dans les mains du *peuple*, il
en reflue nécessairement dans le trésor public une quantité
proportionnée que personne ne regrettera : mais lui
arracher de force l'argent que son labeur et son industrie
lui ont procuré, c'est priver l'état de son embonpoint [2]
20　et de ses ressources.

(de Jaucourt)

PHILOSOPHE

[...]. Les autres hommes sont déterminés à agir sans
sentir, ni connaître les causes qui les font mouvoir, sans
même songer qu'il y en ait. Le *philosophe* au contraire
démêle les causes autant qu'il est en lui, et souvent même
5　les prévient, et se livre à elles avec connaissance : c'est une
horloge qui se monte [3], pour ainsi dire, quelquefois elle-
même. Ainsi il évite les objets qui peuvent lui causer des
sentiments qui ne conviennent ni au bien-être, ni à l'être
raisonnable, et cherche ceux qui peuvent exciter en lui
10　des affections convenables à l'état où il se trouve. La raison
est à l'égard du *philosophe* ce que la grâce est à l'égard du
chrétien. La grâce détermine le chrétien à agir; la raison
détermine le *philosophe*.
　　Les autres hommes sont emportés par leurs passions,
15　sans que les actions qu'ils font soient précédées de la
réflexion : ce sont des hommes qui marchent dans les

---

1. Voir p. 92, l. 51. — 2. Sa prospérité. — 3. Se remonte.

ténèbres; au lieu que le *philosophe* dans ses passions mêmes, n'agit qu'après la réflexion; il marche la nuit, mais il est précédé d'un flambeau.

20 Le *philosophe* forme ses principes sur une infinité d'observations particulières. Le peuple adopte le principe sans penser aux observations qui l'ont produit : il croit que la maxime existe pour ainsi dire par elle-même; mais le *philosophe* prend la maxime dès sa source; il en examine
25 l'origine; il en connaît la propre valeur, et n'en fait que l'usage qui lui convient.

De cette connaissance que les principes ne naissent que des observations particulières, le philosophe en conçoit de l'estime pour la science des faits; il aime à
30 s'instruire des détails et de tout ce qui ne se devine point; ainsi, il regarde comme une maxime très opposée au progrès des lumières de l'esprit que de se borner à la seule méditation et de croire que l'homme ne tire la vérité que de son propre fonds [1] [...].
35 La vérité n'est pas pour le *philosophe* une maîtresse qui corrompe son imagination, et qu'il croie trouver partout; il se contente de la pouvoir démêler où il peut l'apercevoir. Il ne la confond point avec la vraisemblance; il prend pour vrai ce qui est vrai, pour faux ce
40 qui est faux, pour douteux ce qui est douteux, et pour vraisemblance ce qui n'est que vraisemblable. Il fait plus, et c'est ici une grande perfection du *philosophe*, c'est que lorsqu'il n'a point de motif pour juger, il sait demeurer indéterminé [...].
45 L'esprit philosophique est donc un esprit d'observation et de justesse, qui rapporte tout à ses véritables principes; mais ce n'est pas l'esprit seul que le *philosophe* cultive, il porte plus loin son attention et ses soins.

L'homme n'est point un monstre qui ne doive vivre que
50 dans les abîmes de la mer ou dans le fond d'une forêt : les seules nécessités de la vie lui rendent le commerce [2] des autres nécessaire; et dans quelqu'état où il puisse se trouver, ses besoins et le bien-être l'engagent à vivre en

---

1. Dumarsais reprend les critiques de Condillac (*Traité des systèmes*, 1749) et de d'Alembert contre l'esprit de système de Descartes et de Leibniz. — 2. La fréquentation.

société [1]. Ainsi la raison exige de lui qu'il connaisse, qu'il
55 étudie, et qu'il travaille à acquérir les qualités sociables.

Notre *philosophe* ne se croit pas en exil dans ce monde;
il ne croit point être en pays ennemi [2]; il veut jouir en
sage économe [3] des biens que la nature lui offre; il veut
trouver du plaisir avec les autres; et pour en trouver, il

● **Le portrait du philosophe**

Le siècle de Louis XIV avait défini son idéal dans le type de
l'« honnête homme »; la génération des lumières fait succéder
une littérature militante à une littérature de moralistes : c'est
l'âge du « philosophe ».
Dumarsais définit le philosophe par opposition :

— au chrétien;
— au sceptique;
— au commun des hommes.

① Où se traduit la méfiance envers l'esprit de système? L'esprit
philosophique n'apparaît-il pas encore plus comme un esprit
d'observation et d'expérience que comme un esprit rationnel
(*cf.* Diderot, *Pensées sur l'interprétation de la nature*, XXI
et XXII)?

② Quels motifs conduisent le philosophe à être « honnête
homme » comme on l'entendait au XVIIᵉ siècle : un homme du
monde qui sait plaire?

③ Vérifier, par des exemples empruntés à la littérature du
XVIIIᵉ siècle, que les œuvres des philosophes visent un but
immédiat et pratique.
Cf. Condorcet, *Esquisse d'un tableau historique des progrès de
l'esprit humain*, 1793, p. 160 : *Bayle, Fontenelle, Voltaire, Montesquieu et les écoles formées par ces hommes célèbres combattirent
en faveur de la vérité, employant tour à tour toutes les armes que
l'érudition, la philosophie, l'esprit, le talent d'écrire peuvent fournir
à la raison, prenant tous les tons, employant toutes les formes, depuis
la plaisanterie jusqu'au pathétique, depuis la compilation la plus
savante et la plus vaste, jusqu'au roman ou au pamphlet du jour.*

④ L'article de Dumarsais contre les calomnies dont étaient
victimes les Encyclopédistes suffit-il pour caractériser tout le
mouvement littéraire et intellectuel du siècle?

---

1. Réponse au *Discours sur l'origine de l'inégalité* de Rousseau (1755). — 2. Après Voltaire (*Lettres philosophiques*, XXV), les philosophes du XVIIIᵉ siècle attaquent Pascal et le
dogme du péché originel (cf. Cassirer, *La Philosophie des lumières*, p. 155-175). — 3. Orga-
nisateur.

60 faut en faire : ainsi il cherche à convenir à ceux avec qui le hasard ou son choix le font vivre; et il trouve en même temps ce qui lui convient : c'est un honnête homme qui veut plaire et se rendre utile.

La plupart des grands à qui les dissipations [1] ne laissent
65 pas assez de temps pour méditer, sont féroces envers ceux qu'ils ne croient pas leurs égaux. Les *philosophes* ordinaires qui méditent trop, ou plutôt qui méditent mal, le sont envers tout le monde; ils fuient les hommes, et les hommes les évitent. Mais notre *philosophe* qui sait se
70 partager entre la retraite et le commerce des hommes, est plein d'humanité. C'est le Chrémès de Térence [2] qui sent qu'il est un homme, et que la seule humanité intéresse à la mauvaise ou à la bonne fortune de son voisin. *Homo sum, humani a me nihil alienum puto* [3].
75 Il serait inutile de remarquer ici combien le *philosophe* est jaloux de tout ce qui s'appelle *honneur* et *probité*. La société civile est, pour ainsi dire, une divinité pour lui sur la terre; il l'encense, il l'honore par la probité, par une attention exacte à ses devoirs, et par un désir
80 sincère de n'en être pas un membre inutile ou embarrassant. Les sentiments de probité entrent autant dans la constitution mécanique [4] du *philosophe*, que les lumières de l'esprit. Plus vous trouverez de raison dans un homme, plus vous trouverez en lui de probité [5]. Au contraire
85 où règnent le fanatisme et la superstition, règnent les passions et l'emportement [6]. Le tempérament du *philosophe*, c'est d'agir par esprit d'ordre ou par raison; comme il aime extrêmement la société, il lui importe bien plus qu'au reste des hommes de disposer tous ses ressorts
90 à ne produire que des effets conformes à l'idée d'honnête homme. Ne craignez pas que parce que personne n'a les yeux sur lui, il s'abandonne à une action contraire à la probité. Non. Cette action n'est point conforme

---

1. Leur vie dispersée. — 2. Poète comique latin (194-159 av. J.-C.). — 3. « Je suis homme et rien de ce qui est humain ne m'est étranger ». Réplique de Chrémès, dans l'*Heautontimoroumenos*, « Le Bourreau de soi-même », à un voisin qui s'étonne de sa curiosité. — 4. Les rouages naturels et automatiques. — 5. Dumarsais jette les bases d'une morale laïque. — 6. Cf. Voltaire, Lettre à Damilaville du 1er mars 1765 : « Je sais avec quelle fureur le fanatisme s'élève contre la philosophie. Elle a deux filles qu'il voudrait faire périr comme Calas, ce sont la Vérité et la Tolérance, tandis que la philosophie ne veut que désarmer les enfants du fanatisme, le Mensonge et la Persécution. »

à la disposition mécanique [1] du sage; il est pétri, pour ainsi
95 dire, avec le levain de l'ordre et de la règle; il est rempli
des idées du bien de la société civile; il en connaît les
principes bien mieux que les autres hommes. Le crime
trouverait en lui trop d'opposition, il aurait trop d'idées
naturelles et trop d'idées acquises à détruire. Sa faculté
100 d'agir est pour ainsi dire comme une corde d'instrument
de musique montée sur un certain ton; elle n'en saurait
produire un contraire. Il craint de se détonner [2], de se
désaccorder avec lui-même; et ceci me fait ressouvenir de
ce que Velleius [3] dit de Caton d'Utique [4]. « Il n'a jamais,
105 dit-il, fait de bonnes actions pour paraître les avoir faites,
mais parce qu'il n'était pas en lui de faire autrement. »
[...] Cet amour de la société si essentiel au *philosophe*,
fait voir combien est véritable la remarque de l'empereur
Antonin [5] : « Que les peuples seront heureux quand les
110 rois seront *philosophes*, ou quand les *philosophes* seront
rois! » [...]

Le vrai *philosophe* est donc un honnête homme qui
agit en tout par raison, et qui joint à un esprit de réflexion
et de justesse les mœurs et les qualités sociales. Entez [6] un
115 souverain sur un *philosophe* d'une telle trempe, et vous
aurez un parfait souverain [7].

(Dumarsais)

PHILOSOPHIQUE (esprit)

(Morale). L'esprit *philosophique* est un don de la nature
perfectionné par le travail, par l'art, et par l'habitude,
pour juger sainement de toutes choses. Quand on possède
cet esprit supérieurement, il produit une intelligence
5 merveilleuse, la force du raisonnement, un goût sûr et
réfléchi de ce qu'il y a de bon ou de mauvais dans le monde;
c'est la règle du vrai et du beau. Il n'y a rien d'estimable
dans les différents ouvrages, qui sortent de la main des
hommes, que ce qui est animé de cet esprit. De lui dépend
10 en particulier la gloire des belles-lettres; cependant
comme il est le partage de bien peu de savants, il n'est ni

---

1. Voir p. 145, note 4. — 2. Sortir du ton pour lequel il est accordé. — 3. *Velleius* Pater-
culus, historien latin du 1er siècle ap. J.-C. — 4. Républicain romain célèbre pour sa droiture (95-46 av. J.-C.). — 5. Empereur romain de 138 à 161 ap. J.-C. — 6. Greffez. — 7. C'est
l'idéal du despotisme éclairé.

possible, ni nécessaire pour le succès des lettres, qu'un talent si rare se trouve dans tous ceux qui les cultivent. Il suffit à une nation que certains grands génies le possèdent éminemment, et que la supériorité de leurs lumières les rende les arbitres du goût, les oracles de la critique, les dispensateurs de la gloire littéraire. L'*esprit philosophique* résidant avec éclat dans ce petit nombre de gens, il répandra pour ainsi dire, ses influences sur tout le corps de l'état, sur tous les ouvrages de l'esprit ou de la main, et principalement sur ceux de littérature. Qu'on bannisse les Arts et les Sciences, on bannira cet *esprit philosophique* qui les produit ; dès lors on ne verra plus personne capable d'enfanter l'excellence ; et les lettres avilies languiront dans l'obscurité.

(de Jaucourt)

POPULATION

[...] L'esprit des grandes monarchies est contraire à la grande *population*. C'est dans les gouvernements doux et bornés, où les droits de l'humanité seront respectés, que les hommes seront nombreux [1].

La liberté est un bien si précieux que, sans être accompagnée d'aucun autre, elle les attire et les multiplie. On connaît les efforts surnaturels de courage qu'elle a fait faire dans tous les temps pour sa conservation. C'est elle qui a tiré la Hollande du sein des eaux, qui a rendu ses marais un des cantons les plus peuplés de l'Europe, et qui retient la mer dans des bornes plus resserrées. C'est la liberté qui fait que la Suisse, qui sera la dernière des puissances subsistantes de l'Europe, fournit, sans s'épuiser, des hommes [2] à toutes les puissances de l'Europe, malgré l'ingratitude de son sol, qui semble n'être capable d'aucune autre production.

Il n'est point de gouvernement où l'on ne pût en tirer les mêmes avantages. La tyrannie fait des esclaves et des déserts, la liberté fait des sujets et des provinces [...].
Des armées trop nombreuses occasionnent la dépopulation, les colonies la produisent aussi. Ces deux causes ont le même

1. Cf. Montesquieu (*Lettres persanes*, 122, *S. L. B.* p. 145) : « La douceur du gouvernement contribue merveilleusement à la propagation de l'espèce. » — 2. Les mercenaires.

principe, l'esprit de conquête et d'agrandissement. Il n'est jamais si vrai que cet esprit ruine les conquérants comme ceux qui sont conquis, que dans ce qui concerne les colo-
25 nies. On a dit qu'il ne fallait songer à avoir des manufactures que quand on n'avait plus de friches, et l'on a dit vrai; il ne faut songer à avoir des colonies que quand on a trop de peuple et pas assez d'espace. Depuis l'établissement de celles que possèdent les puissances de l'Europe, elles
30 n'ont cessé de se dépeupler pour les rendre habitées, et il en est fort peu qui le soient; si l'on en excepte la Pennsylvanie, qui eut le bonheur d'avoir un philosophe [1] pour législateur, des colons qui ne prennent jamais les armes, et une administration qui reçoit sans aucune distinction de
35 culte tout homme qui se soumet aux lois [2]. On ne nombrerait pas la quantité des hommes qui sont passés dans ces nouveaux établissements, on compterait sans peine ceux qui en sont venus. La différence des climats, celle des subsistances, les périls et les maladies du trajet, une infinité
40 d'autres causes, font périr les hommes. Quels avantages a-t-on tiré pour la *population* de l'Amérique du nombre prodigieux de nègres que l'on y transporte continuellement de l'Afrique? Ils périssent tous; il est triste d'avouer que c'est autant par les traitements odieux qu'on leur fait
45 souffrir, et les travaux inhumains auxquels on les emploie, que par le changement de température et de nourriture. Encore une fois, quels efforts les Espagnols n'ont-ils pas faits pour repeupler les Indes et l'Amérique qu'ils ont rendues des déserts! Ces contrées le sont encore, et l'Espa-
50 gne elle-même l'est devenue : ses peuples vont tirer pour

● **Les problèmes démographiques**

Damilaville souligne l'influence sur la population des facteurs politiques, économiques, sociaux et moraux.

① En quoi les formules sur l'esclavage sont-elles révélatrices des tendances intellectuelles du temps? *Cf.* Montesquieu, *l'Esprit des lois*, XV, 5 : « Comment les lois de l'esclavage civil ont du rapport avec la nature du climat. »

---

1. Le quaker anglais Penn, fondateur de Philadelphie et auteur de la constitution de *Pennsylvanie* (1682), dont s'est inspirée plus tard la Constitution des États-Unis. — 2. Ces idées seront développées par Tocqueville (*De la Démocratie en Amérique*, I, 2 et 3).

nous l'or au fond des mines; et ils y meurent. Plus la masse
de l'or sera considérable en Europe, plus l'Espagne sera
déserte; plus le Portugal sera pauvre, plus longtemps il
restera province de l'Angleterre, sans que personne en
55 soit vraiment plus riche.

(Damilaville)

PRESSE

Presse (Droit polit.). On demande si la liberté de la *presse*
est avantageuse ou préjudiciable à un état. La réponse
n'est pas difficile. Il est de la plus grande importance de
conserver cet usage dans tous les états fondés sur la liberté :
5 je dis plus, les inconvénients de cette liberté sont si peu
considérables vis-à-vis de ses avantages, que ce devrait être
le droit commun de l'univers, et qu'il est à propos de
l'autoriser dans tous les gouvernements. [...]
   Enfin, rien ne peut tant multiplier les séditions et les
10 libelles dans un pays où le gouvernement subsiste dans un
état d'indépendance, que de défendre cette impression
non autorisée, ou de donner à quelqu'un des pouvoirs
illimités de punir tout ce qui lui déplaît; de telles conces-
sions de pouvoir dans un pays libre, deviendraient un
15 attentat contre la liberté; de sorte qu'on peut assurer que
cette liberté serait perdue dans la Grande-Bretagne, par
exemple, au moment que les tentatives de la gêne de la
presse réussiraient; aussi n'a-t-on garde d'établir cette
espèce d'inquisition.

(de Jaucourt)

PRÊTRES

Prêtres, s. m. pl. (Religion et Politique). On désigne sous ce
nom tous ceux qui remplissent les fonctions des cultes
religieux établis chez les différents peuples de la terre.
   Le culte extérieur suppose des cérémonies, dont le but est
5 de frapper les sens des hommes, et de leur imprimer de la
vénération pour la divinité à qui ils rendent leurs hom-
mages. La superstition ayant multiplié les cérémonies
des différents cultes, les personnes destinées à les remplir
ne tardèrent point à former un ordre séparé, qui fut uni-
10 quement destiné au service des autels; on crut que ceux
qui étaient chargés de soins si importants, se devaient tout

entiers à la divinité; dès lors ils partagèrent avec elle le
respect des humains; les occupations du vulgaire parurent
au-dessous d'eux, et les peuples se crurent obligés de
15   pourvoir à la subsistance de ceux qui étaient revêtus du
plus saint et du plus important des ministères; ces derniers,
renfermés dans l'enceinte de leurs temples, se communi-
quèrent peu; cela dut augmenter encore le respect qu'on
avait pour ces hommes isolés; on s'accoutuma à les regar-
20   der comme des favoris des dieux, comme les dépositaires
et les interprètes de leurs volontés, comme des médiateurs
entre eux et les mortels.

Il est doux de dominer sur ses semblables; les *prêtres*
surent mettre à profit la haute opinion qu'ils avaient fait
25   naître dans l'esprit de leurs concitoyens; ils prétendirent
que les dieux se manifestaient à eux; ils annoncèrent leurs
décrets; ils enseignèrent des dogmes; ils prescrivirent ce
ce qu'il fallait croire et ce qu'il fallait rejeter; ils fixèrent
qui plaisait ou déplaisait à la divinité; ils rendirent des
30   oracles; ils prédirent l'avenir à l'homme inquiet et curieux,
ils le firent trembler par la crainte des châtiments dont les
dieux irrités menaçaient les téméraires qui oseraient douter
de leur mission, ou discuter leur doctrine.

Pour établir plus sûrement leur empire, ils peignirent les
35   dieux comme cruels, vindicatifs, implacables; ils intro-
duisirent des cérémonies, des initiations, des mystères,
dont l'atrocité peut nourrir dans les hommes cette sombre
mélancolie [1], si favorable à l'empire du fanatisme; alors le
sang humain coula à grands flots sur les autels; les peuples
40   subjugués par la crainte, et enivrés de superstition, ne
crurent jamais payer trop chèrement la bienveillance
céleste; les mères livrèrent d'un œil sec leurs tendres
enfants aux flammes dévorantes; des milliers de victimes
humaines tombèrent sous le couteau des sacrificateurs;
45   on se soumit à une multitude de pratiques frivoles et révol-
tantes, mais utiles pour les *prêtres*, et les superstitions les
plus absurdes achevèrent d'étendre et d'affermir leur
puissance.

Exempts de soins [2] et assurés de leur empire, ces *prêtres*,
50   dans la vue de charmer les ennuis de leur solitude, étu-

---

1. Voir l'article *Mélancolie religieuse*, p. 129. — 2. Soucis.

dièrent les secrets de la nature, mystères inconnus au
commun des hommes; de là les connaissances si vantées
des *prêtres* égyptiens. On remarque en général que chez
presque tous les peuples sauvages et ignorants, la médecine
55 et le sacerdoce ont été exercés par les mêmes hommes.
L'utilité dont les *prêtres* étaient au peuple, ne put manquer
d'affermir leur pouvoir. Quelques-uns d'entre eux allèrent
plus loin encore; l'étude de la physique leur fournit des
moyens de frapper les yeux par des œuvres éclatantes;
60 on les regarda comme surnaturelles, parce qu'on en ignorait les causes; de là cette foule de prodiges, de prestiges,
de miracles.; les humains étonnés crurent que leurs sacrificateurs commandaient aux éléments, disposaient à leur
gré des vengeances et des faveurs du ciel, et devaient par-
65 tager avec les dieux la vénération et la crainte des
mortels.

Il était difficile à des hommes si révérés de se tenir longtemps dans les bornes de la subordination nécessaire au
bon ordre de la société : le sacerdoce enorgueilli de son
70 pouvoir, disputa souvent les droits de la royauté; les souverains soumis eux-mêmes, ainsi que leurs sujets, aux lois
de la religion, ne furent point assez forts pour réclamer
contre les usurpations et la tyrannie de ses ministres;
le fanatisme et la superstition tinrent le couteau suspendu
75 sur la tête des monarques; leur trône s'ébranla [1] aussitôt
qu'ils voulurent réprimer ou punir des hommes sacrés,
dont les intérêts étaient confondus avec ceux de la divinité;
leur résister fut une révolte contre le ciel; toucher à leurs
droits, fut un sacrilège; vouloir borner leur pouvoir, ce
80 fut saper les fondements de la religion.

Tels ont été les degrés par lesquels les *prêtres* du paganisme ont élevé leur puissance. [...]

Les peuples eussent été trop heureux, si les *prêtres* de
l'imposture eussent seuls abusé du pouvoir que leur minis-
85 tère leur donnait sur les hommes; malgré la soumission
et la douceur, si recommandées par l'évangile, dans des
siècles de ténèbres, on a vu des prêtres du dieu de paix
arborer l'étendard de la révolte; armer les mains des sujets
contre leurs souverains; ordonner insolemment aux rois de

---

1. Chancela.

90 descendre du trône; s'arroger le droit de rompre les liens
sacrés qui unissent les peuples à leurs maîtres; traiter de
tyrans les princes qui s'opposaient à leurs entreprises audacieuses; prétendre pour eux-mêmes une indépendance
chimérique des lois, faites pour obliger également tous les
95 citoyens. Ces vaines prétentions ont été cimentées quelquefois par des flots de sang : elles se sont établies en
raison de l'ignorance des peuples, de la faiblesse des
souverains, et de l'adresse des *prêtres* : ces derniers sont
souvent parvenus à se maintenir dans leurs droits usurpés;
100 dans les pays où l'affreuse inquisition est établie [1], elle
fournit des exemples fréquents de sacrifices humains, qui
ne le cèdent en rien à la barbarie de ceux des *prêtres*
mexicains [2]. Il n'en est point ainsi des contrées éclairées
par les lumières de la raison et la philosophie, le *prêtre*
105 n'y oublie jamais qu'il est homme, sujet et citoyen.

(d'Holbach)

● **L'anticléricalisme au XVIIIe siècle**

*Tout ce qui dans l'ancien régime était condamné à disparaître avant
la Révolution bourgeoise de 1789, pouvoir absolu, inégalité sociale,
était sanctifié par l'autorité religieuse [...]. Ainsi l'Église catholique
romaine apparaissant comme la clef de voûte de tout l'édifice, ce fut
une nécessité historique pour la bourgeoisie française de commencer
par la critique du ciel. Elle ne pouvait progresser dans aucun
domaine, philosophique, scientifique, économique ou politique, sans
d'abord briser les chaînes dans lesquelles la théologie ligotait les
consciences et cherchait à éterniser les structures politiques et sociales
de la féodalité. Tel fut le contexte historique de l'athéisme de*
d'Holbach *comme des fureurs de Voltaire contre l'infâme* (Paulette
Charbonnel, *D'Holbach, textes choisis*, I, p. 50-56).

RAISON

[...] Nulle proposition ne peut être reçue pour révélation
divine, si elle est contradictoirement opposée à ce qui nous
est connu, ou par une intuition immédiate, telles que sont
les propositions évidentes par elles-mêmes, ou par des
5 déductions évidentes de la *raison*, comme dans les démons-

---

1. L'Espagne et le Portugal. Voir l'article *Inquisition*, p. 116. — 2. Les prêtres aztèques
immolaient régulièrement aux dieux des victimes choisies parmi les prisonniers.

trations; parce que l'évidence qui nous fait adopter de telles révélations ne pouvant surpasser la certitude de nos connaissances, tant intuitives que démonstratives, si tant est qu'elle puisse l'égaler, il serait ridicule de lui donner la pré-
10 férence; et parce que ce serait renverser les principes et les fondements de toute connaissance et de tout assentiment : de sorte qu'il ne resterait plus aucune marque caractéristique de la vérité et de la fausseté, nulles mesures du croyable et de l'incroyable, si des propositions douteuses
15 devaient prendre la place devant des propositions évidentes par elles-mêmes. Il est donc inutile de prêcher comme articles de foi des propositions contraires à la perception claire que nous avons de la convenance ou de la disconvenance de nos idées. Par conséquent, dans toutes les
20 choses dont nous avons une idée nette et distincte, la *raison* est le vrai juge compétent; et quoique la révélation en s'accordant avec elle puisse confirmer ces décisions, elle ne saurait pourtant dans de tels cas invalider ses décrets; et partout où nous avons une décision claire et évidente
25 de la *raison*, nous ne pouvons être obligés d'y renoncer pour embrasser l'opinion contraire, sous prétexte que c'est en matière de foi. La raison de cela, c'est que nous sommes hommes avant que d'être chrétiens. [...]

- **Raison et méthode critique**

  ① Montrer qu'en subordonnant l'acceptation de la révélation au jugement de la raison, l'article ouvre la porte à une plus large critique historique et sociologique.

RÉFUGIÉS

Réfugiés (Hist. mod. polit.). C'est ainsi que l'on nomme les Protestants français que la révocation de l'édit de Nantes a forcés de sortir de France, et de chercher un asile dans les pays étrangers, afin de se soustraire aux persécutions qu'un
5 zèle [1] aveugle et inconsidéré leur faisait éprouver dans leur patrie. Depuis ce temps, la France s'est vue privée d'un grand nombre de citoyens qui ont porté à ses ennemis des

---

1. Une dévotion; cf. le portrait de Zélie par La Bruyère (*Caractères*, XIII, 25).

arts [1], des talents, et des ressources [2] dont ils ont souvent
usé contre elle. Il n'est point de bon français qui ne
10 gémisse depuis longtemps de la plaie profonde causée au
royaume par la perte de tant de sujets utiles. Cependant, à la
honte de notre siècle, il s'est trouvé de nos jours des
hommes assez aveugles ou assez impudents pour justifier
aux yeux de la politique et de la raison, la plus funeste
15 démarche [3] qu'ait jamais pu entreprendre le conseil [4]
d'un souverain. Louis XIV, en persécutant les Protestants,
a privé son royaume de près d'un million d'hommes industrieux qu'il a sacrifiés aux vues intéressées et ambitieuses de
quelques mauvais citoyens [5], qui sont les ennemis de toute
20 liberté de penser, parce qu'ils ne peuvent régner qu'à
l'ombre de l'ignorance. L'esprit persécuteur devrait être
réprimé par tout gouvernement éclairé : si l'on punissait
les perturbateurs qui veulent sans cesse troubler les
consciences de leurs concitoyens lorsqu'ils diffèrent dans
25 leurs opinions, on verrait toutes les sectes vivre dans une
parfaite harmonie, et fournir à l'envi des citoyens utiles à la
patrie, et fidèles à leur prince.

● **Un plaidoyer pour la tolérance**

La tolérance religieuse était à peu près inconnue au XVIIe siècle :
la charité chrétienne commandait de libérer autrui, même par
la force, du plus grand des malheurs, l'hérésie. La Bruyère,
La Fontaine, Madame de Sévigné ont approuvé la révocation
de l'Édit de Nantes. Seuls, Bayle, dans le *Commentaire philosophique*, et Saint-Simon adoptent une attitude critique (*Cf.* Saint-
Simon, *Mémoires*, IV, 1027-1030, S. L. B., p. 181).

① Quel genre d'arguments l'auteur de l'article développe-t-il
en faveur de la tolérance?

② Sur qui rejette-t-il la responsabilité du fanatisme?

③ Comparer le point de vue adopté par l'auteur de l'article
à ceux qu'ont exposés Montesquieu dans la lettre persane 85
(S. L. B., p. 103) et Voltaire dans le *Traité sur la tolérance*
et le *Dictionnaire philosophique*, articles « Fanatisme », « Liberté
de penser », « Tolérance ».

1. Techniques. — 2. *Ressources* financières. — 3. La révocation de l'Édit de Nantes. —
4. Principes guidant les décisions. — 5. Le Tellier, Louvois, Noailles, Madame de
Maintenon, le jésuite La Chaize, confesseur du roi.

Quelle idée prendre de l'humanité et de la religion des partisans de l'intolérance? Ceux qui croient que la violence peut ébranler la foi des autres, donnent une opinion bien méprisable de leurs sentiments et de leur propre constance.

REPRÉSAILLES

[...] Les principes sur lesquels on fonde les *représailles* révoltent mon âme; ainsi je reste fermement convaincu que ce droit fictif de société, qui autorise un ennemi à sacrifier aux horreurs de l'exécution militaire des villes innocentes du délit prétendu qu'on impute à leur souverain, est un droit de politique barbare, et qui n'émana jamais du droit de la nature, qui abhorre de pareilles voies, et qui ne connaît que l'humanité et les secours mutuels.

(de Jaucourt)

REPRÉSENTANTS

Représentants (Droit politiq., hist. mod.). Les *représentants* d'une nation sont des citoyens choisis, qui dans un gouvernement tempéré sont chargés par la société de parler en son nom, de stipuler ses intérêts, d'empêcher qu'on ne l'opprime, de concourir à l'administration.

Dans un état despotique, le chef de la nation est tout, la nation n'est rien; la volonté d'un seul fait la loi, la société n'est point représentée. Telle est la forme du gouvernement en Asie, dont les habitants soumis depuis un grand nombre de siècles à un esclavage héréditaire, n'ont point imaginé de moyens pour balancer un pouvoir énorme qui sans cesse les écrase. Il n'en fut pas de même en Europe, dont les habitants plus robustes, plus laborieux, plus belliqueux que les Asiatiques, sentirent de tout temps l'utilité et la nécessité qu'une nation fût représentée par quelques citoyens qui parlassent au nom de tous les autres, et qui s'opposassent aux entreprises d'un pouvoir qui devient souvent abusif lorsqu'il ne connaît aucun frein [1]. Les citoyens choisis pour être les organes, ou

---

1. Cf. Montesquieu, *l'Esprit des lois* (XVII, 2) : « Il ne faut pas être étonné que la lâcheté des peuples des climats chauds les ait presque toujours rendus esclaves, et que le courage des peuples des climats froids les ait maintenus libres. »

20 les *représentants* de la nation, suivant les différents temps,
les différentes conventions et les circonstances diverses,
jouirent de prérogatives et de droits plus ou moins éten-
dus. Telle est l'origine de ces assemblées connues sous le
nom de *diètes* [1], d'*états-généraux*, de *parlements*, de *sénats*,
25 qui presque dans tous les pays de l'Europe participèrent à
l'administration publique, approuvèrent ou rejetèrent
les propositions des souverains, et furent admis à con-
certer avec eux les mesures nécessaires au maintien de
l'état.

30 Dans un état purement démocratique, la nation, à proprement parler, n'est point représentée [2]; le peuple entier se
réserve le droit de faire connaître ses volontés dans les
assemblées générales composées de tous les citoyens; mais
dès que le peuple a choisi des magistrats qu'il a rendus
35 dépositaires de son autorité, ces magistrats deviennent ses
représentants; et suivant le plus ou le moins de pouvoir
que le peuple s'est réservé, le gouvernement devient ou une
aristocratie, ou demeure une démocratie.

Dans une monarchie absolue, le souverain ou jouit, du
40 consentement de son peuple, du droit d'être l'unique
représentant de sa nation, ou bien, contre son gré, il s'arroge ce droit. Le souverain parle alors au nom de tous;
les lois qu'il fait sont, ou du moins sont censées l'expression des volontés de toute la nation qu'il représente.

45 Dans les monarchies tempérées, le souverain n'est dépositaire que de la puissance exécutrice, il ne représente sa
nation qu'en cette partie, elle choisit d'autres *représentants* pour les autres branches de l'administration. C'est
ainsi qu'en Angleterre la puissance exécutrice réside dans
50 la personne du monarque, tandis que la puissance législative est partagée entre lui et le parlement, c'est-à-dire,
l'assemblée générale des différents ordres de la nation
britannique, composée du clergé, de la noblesse et des
communes; ces dernières sont représentées par un certain
55 nombre de députés choisis par les villes, les bourgs et les
provinces de la Grande-Bretagne. Par la constitution de ce
pays, le parlement concourt avec le monarque à l'admi-

1. Assemblée des envoyés des différents États de la confédération germanique. — 2.
Cf. Rousseau, *le Contrat social* (III, 15) : « La Souveraineté ne peut être représentée
par la même raison qu'elle ne peut être aliénée. »

nistration publique; dès que ces deux puissances sont
d'accord, la nation entière est réputée avoir parlé, et leurs
60 décisions deviennent des lois. [...]

*D'Holbach conteste ensuite — contre Montesquieu — la
légitimité du pouvoir féodal, fondé sur la force de quelques
« brigands heureux », et dont il souligne les effets désastreux.*

Opprimer, piller, vexer impunément le peuple, sans que
le chef de la nation pût y porter remède, telles furent
les prérogatives de la noblesse, dans lesquelles elle fit
consister la liberté. En effet, le gouvernement féodal
65 ne nous montre que des souverains sans forces, et des
peuples écrasés et avilis par une aristocratie, armée également contre le monarque et la nation. Ce ne fut que lorsque
les rois eurent longtemps souffert des excès d'une noblesse
altière, et des entreprises d'un clergé trop riche et trop
70 indépendant, qu'ils donnèrent quelque influence à la
nation dans les assemblées qui décidaient de son sort [1].
Ainsi la voix du peuple fut enfin entendue, les lois prirent
de la vigueur, les excès des grands furent réprimés, ils
furent forcés d'être justes envers des citoyens jusque là
75 méprisés; le corps de la nation fut ainsi opposé à une
noblesse mutine et intraitable. [...]

*La nécessité des circonstances entraîne une évolution des
idées et des institutions.*

Ce n'est que par des degrés lents et imperceptibles que
les gouvernements prennent de l'assiette [2]; fondés d'abord
par la force, ils ne peuvent pourtant se maintenir que par
80 des lois équitables qui assurent les propriétés et les droits
de chaque citoyen, et qui le mettent à couvert de l'oppression; les hommes sont forcés à la fin de chercher dans
l'équité, des remèdes contre leurs propres fureurs. Si la
formation des gouvernements n'eût pas été pour l'ordinaire
85 l'ouvrage de la violence et de la déraison, on eût senti
qu'il ne peut y avoir de société durable si les droits d'un

---

1. Les premiers états généraux furent réunis en 1302 par Philippe le Bel qui, en conflit
avec le Pape, avait eu l'idée d'intéresser à sa cause la masse de la nation. Au XIVe siècle
on compte huit sessions d'états généraux. — 2. De la stabilité.

chacun ne sont mis à l'abri de la puissance qui toujours
veut abuser; dans quelques mains que le pouvoir soit
placé, il devient funeste s'il n'est contenu dans des bornes;
90 ni le souverain, ni aucun ordre de l'état ne peuvent exercer
une autorité nuisible à la nation, s'il est vrai que tout
gouvernement n'ait pour objet que le bien du peuple
gouverné. La moindre réflexion eût donc suffi pour montrer qu'un monarque ne peut jouir d'une puissance véri-
95 table, s'il ne commande à des sujets heureux et réunis de
volontés; pour les rendre tels, il faut qu'il assure leurs
possessions, qu'il les défende contre l'oppression, qu'il
ne sacrifie jamais les intérêts de tous à ceux d'un petit
nombre, et qu'il porte ses vues sur les besoins de tous les
100 ordres dont son état est composé. Nul homme, quelles que
soient ses lumières, n'est capable sans conseils, sans secours,
de gouverner une nation entière; nul ordre dans l'état ne
peut avoir la capacité ou la volonté de connaître les besoins
des autres; ainsi le souverain impartial doit écouter les
105 voix de tous ses sujets, il est également intéressé à les
entendre et à remédier à leurs maux; mais pour que les
sujets s'expliquent sans tumulte, il convient qu'ils aient
des *représentants*, c'est-à-dire des citoyens plus éclairés
que les autres, plus intéressés à la chose, que leurs posses-
110 sions attachent à la patrie, que leur position mette à
portée de sentir les besoins de l'état, les abus qui s'intro-
duisent, et les remèdes qu'il convient d'y porter. [...]
   Pour maintenir le concert qui doit toujours subsister
entre les souverains et leurs peuples, pour mettre les uns

● **La « monarchie tempérée »** (l. 45)

Dans l'article *Pouvoir*, d'Holbach a remis en cause la thèse de
Montesquieu (*Esprit des lois*, XI, 6) sur la séparation des pouvoirs en Angleterre : « En Angleterre, le pouvoir législatif réside
dans le roi et dans les deux chambres du Parlement. »

① Mettre en relief chacun des principes constitutionnels de la
« monarchie tempérée » que préconise d'Holbach :
— la représentation de la nation permet seule de consulter la
volonté générale;
— le monarque doit être conseillé;
— la propriété fonde la citoyenneté;
— les élections doivent être fréquentes.

[115] et les autres à couvert des attentats des mauvais citoyens, rien ne serait plus avantageux qu'une constitution qui permettrait à chaque ordre de citoyens de se faire représenter ; de parler dans les assemblées qui ont le bien général pour objet. Ces assemblées, pour être utiles et justes,
[120] devraient être composées de ceux que leurs possessions rendent citoyens, et que leur état et leurs lumières mettent à portée de connaître les intérêts de la nation et les besoins des peuples ; en un mot c'est la propriété qui fait le citoyen [1], tout homme qui possède dans l'état, est intéressé
[125] au bien de l'état, et quel que soit le rang que des conventions particulières lui assignent, c'est toujours comme propriétaire, c'est en raison de ses possessions qu'il doit parler, ou qu'il acquiert le droit de se faire représenter. [...]

Nul ordre de citoyens ne doit jouir pour toujours du droit
[130] de représenter la nation, il faut que de nouvelles élections rappellent aux *représentants* que c'est d'elle qu'ils tiennent leur pouvoir. Un corps dont les membres jouiraient sans interruption du droit de représenter l'état, en deviendrait bientôt le maître ou le tyran.

(d'Holbach)

ROMAN

Roman, s. m. (Fictions d'esprit), récit fictif de diverses aventures merveilleuses ou vraisemblables de la vie humaine ; le plus beau roman du monde, *Télémaque*, est un vrai poème à la mesure et à la rime près. [...]
[5] Madame la comtesse de La Fayette dégoûta le public des fadaises ridicules dont nous venons de parler [2]. L'on vit dans sa *Zaïde* et dans sa *Princesse de Clèves* des peintures véritables, et des aventures naturelles décrites avec grâce. Le comte d'Hamilton [3] eut l'art de les tourner
[10] dans le goût agréable et plaisant qui n'est pas le burlesque de Scarron. Mais la plupart des autres *romans* qui leur ont succédé dans ce siècle, sont ou des productions dénuées d'imagination, ou des ouvrages propres à gâter

---

1. Cf. Montesquieu, *l'Esprit des lois* (XI, 6) : « Tous les citoyens doivent avoir le droit de donner leur voix pour choisir le représentant, excepté ceux qui sont dans un tel état de bassesse qu'ils sont réputés n'avoir point de volonté propre. » — 2. Les romans des imitateurs de *l'Astrée*. — 3. Écrivain irlandais d'expression française, auteur des *Mémoires du comte de Grammont* (1713).

le goût, ou ce qui est pis encore des peintures obscènes
dont les honnêtes gens sont révoltés. Enfin, les Anglais
ont heureusement imaginé depuis peu de tourner ce
genre de fictions à des choses utiles; et de les employer
pour inspirer en amusant l'amour des bonnes mœurs
et de la vertu, par des tableaux simples, naturels et ingé-
nieux des événements de la vie. C'est ce qu'ont exécuté
avec beaucoup de gloire et d'esprit MM. Richardson [1] et
Fielding [2].

Les *romans* écrits dans ce bon goût, sont peut-être la
dernière instruction qu'il reste à donner à une nation
assez corrompue pour que toute autre lui soit inutile.
Je voudrais qu'alors la composition de ces livres ne tombât
qu'à d'honnêtes gens sensibles, et dont le cœur se peignît
dans leurs écrits, à des auteurs qui ne fussent pas au-dessus
des faiblesses de l'humanité, qui ne démontrassent pas
tout d'un coup la vertu dans le ciel hors de la portée des
hommes; mais qui la leur fissent aimer en la peignant
d'abord moins austère, et qui ensuite du sein des passions,
où l'on peut succomber et s'en repentir, sussent les
conduire insensiblement à l'amour du bon et du bien.
C'est ce qu'a fait M. J.-J. Rousseau dans sa *Nouvelle
Héloïse* [...].

                                    (de Jaucourt)

ROUGE

[...] L'usage du rouge a passé en France avec les Italiens
sous le règne de Catherine de Médicis [3]. On employait le
rouge d'Espagne, dont voici la préparation. On lave plusieurs fois dans l'eau claire les étamines jaunes du car-
thame ou safran bâtard [4], jusqu'à ce qu'elles ne donnent
plus la couleur jaune; alors on y mêle des cendres gravelées[5],
et on y verse de l'eau chaude. On remue bien le tout,
ensuite on laisse reposer pendant très peu de temps la

---

1. Romancier anglais (1689-1761) dont le chef-d'œuvre, *Clarisse Harlowe* (traduit par l'abbé Prévost en 1751), était très apprécié par Diderot et Rousseau pour sa sentimentalité. — 2. Romancier anglais (1707-1754), observateur réaliste de la vie sociale, auteur des *Aventures de Joseph Andrews* (1742, traduit en 1743) et de l'*Histoire de Tom Jones* (1749, traduit en 1750). — 3. Dans la seconde moitié du XVIᵉ siècle. — 4. Plante utilisée pour la teinture. — 5. « Faites avec de la lie de vin qu'on brûle » (Littré).

liqueur [1] rouge; les parties les plus grossières étant déposées
10 au fond du vaisseau [2], on la verse peu à peu dans un autre
vaisseau sans verser la lie et on la met pendant quelques
jours à l'écart. La lie plus fine d'un *rouge* foncé et fort
brillante se sépare peu à peu de la liqueur, et va au fond
du vaisseau: on verse la liqueur dans d'autres vaisseaux;
15 et lorsque la lie qui reste dans ces vaisseaux, après en avoir
versé l'eau, est parfaitement sèche, on la frotte avec une
dent [3] d'or. De cette manière on la rend plus compacte,
afin que le vent ne la dissipe point lorsqu'elle est en fine
poussière. Le gros *rouge* [4] se fait de cinabre [5] minéral bien
20 broyé avec de l'eau-de-vie et l'urine, et ensuite séché. [...]

Est-ce pour réparer les injures du temps, rétablir sur le
visage une beauté chancelante, et se flatter de redescendre
jusqu'à la jeunesse, que nos dames mettent du *rouge* flamboyant? Est-ce dans l'espoir de mieux séduire qu'elles em-
25 ploient cet artifice que la nature désavoue? Il me semble que
ce n'est pas un moyen propre à flatter les yeux que d'arborer un vermillon terrible, parce qu'on ne flatte point un
organe en le déchirant. Mais qu'il est difficile de s'affranchir
de la tyrannie de la mode! La présence du gros *rouge* jaunit
30 tout ce qui l'environne. On se résout donc à être jaune,
et assurément ce n'est pas la couleur d'une belle peau.
Mais d'un autre côté, si l'on renonce à ce rouge éclatant,
il faudra donc paraître pâle. C'est une cruelle alternative,

● **Du maquillage à la morale**

Dans cet article de sept colonnes, classé sous la rubrique *Cosmé-
tique*, Jaucourt trace d'abord un historique des techniques utilisées pour la fabrication du rouge.

① Souligner la précision des détails techniques.

② Pourquoi Jaucourt condamne-t-il le maquillage? Expliquer
sa conception — qui est celle du XVIIIe siècle — à la lumière de
ces lignes de Baudelaire (*Curiosités esthétiques*, XVI, « Éloge
du maquillage ») : « La plupart des erreurs relatives au beau
naissent de la fausse conception du XVIIIe siècle relative à la
morale. La nature fut prise dans ce temps-là comme base, source
et type de tout bien et de tout beau possible. »

---

1. Le liquide. — 2. Le récipient. — 3. Une fourchette à deux dents. — 4. Le rouge
grossier. — 5. Sulfure de mercure à l'état naturel.

car on veut mettre absolument du *rouge*, de quelque
35 espèce qu'il soit, pâle ou flamboyant. On ne se contente
pas d'en user lorsque les roses du visage sont flétries, on le
prend même au sortir de l'enfance.

(de Jaucourt)

SARRASINS OU ARABES (philosophie des)

[...] Le saint prophète [1] ne savait ni lire ni écrire : de là la
haine des premiers musulmans contre toute espèce de connaissance; le mépris qui s'en est perpétué chez leurs suc-
cesseurs; et la plus longue durée garantie aux mensonges
5   religieux dont ils sont entêtés.

[[2] Car c'est une observation générale que la religion
s'avilit à mesure que la philosophie s'accroît. On en con-
clura ce qu'on voudra ou contre l'utilité de la philosophie,
ou contre la vérité de la religion; mais je puis annoncer
10 d'avance que plus il y aura de penseurs à Constantinople,
moins on fera de pèlerinages à la Mecque. Lorsqu'il y a
dans une capitale un acte religieux, annuel et commun, il
peut servir de règle très sûre pour calculer les progrès de
l'incrédulité, la corruption, les mœurs, et le déclin de la
15 superstition nationale. Ainsi, parmi les catholiques, dites,
sous telle paroisse on consommait en 1700, cinquante mille
hosties, en 1759 on n'en consommait plus que 10 000 :
donc la foi s'est affaiblie, dans l'intervalle de cinquante-
neuf ans, de quatre cinquièmes, et ainsi de tout ce qui
20 tient à l'affaiblissement de la foi. Je ne doute point qu'il
n'y ait un terme stationnaire, une année où la marche de
l'incrédulité s'arrête : alors le nombre de ceux qui satis-
font à la grande cérémonie annuelle [3] est égal au nombre
de ceux qui restent au milieu de la révolution aveugles ou
25 éclairés, incurables ou incorruptibles. Voilà le vrai troupeau sur lequel les ministres de la religion peuvent compter;
il peut s'accroître, mais il ne peut diminuer.] [...]
Mohamet fut si convaincu de l'incompatibilité de la
philosophie et de la religion, qu'il décerna [4] la peine de
30 mort contre celui qui s'appliquerait aux arts libéraux : [c'est

---

1. Mahomet. — 2. Entre crochets, ce qui fut censuré. — 3. Pâques. — 4. Décida.

le même pressentiment [1] qui a poussé dans tous les temps
et chez tous les peuples, les prêtres à décrier la raison.] [...]

*Après une dynastie de califes fanatiques, les Arabes ont
connu des princes tolérants et amis des lettres.*

Abug-Jaafar Haron Raschid [2] marcha sur les traces
d'Al-Mansor [2], aima la poésie, proposa des récompenses
35 aux hommes de lettres, et leur accorda une protection
ouverte.

Ces souverains sont des exemples frappants de ce qu'un
prince aimé de ses peuples peut entreprendre et exécuter.
Il faut qu'on sache qu'il n'y a point de religion [3] que les
40 mahométans haïssent autant que la chrétienne; que les
savants que les califes abbassides rassemblèrent autour
d'eux, étaient presque tous chrétiens; et que le peuple heureux sous leur gouvernement, ne songea pas à s'en offenser.

[Soyez bon, soyez juste, soyez victorieux, soyez honoré
45 au-dedans de vos états, soyez redouté au-dehors, ayez une
armée nombreuse à vos ordres, et vous établirez la tolérance générale; vous renverserez ces asiles de la supersti-

---

● **La séparation de l'Église et de l'État**

L'article *Sarrasins* est un de ceux qui ont été censurés par le
libraire Le Breton en 1764 (voir p. 9). Les passages supprimés
sont donnés ici entre crochets, d'après l'ouvrage de D. Gordon
et N. Torrey, *The Censoring of Diderot's Encyclopédie.*

① Relever, dans le premier passage censuré, les formules les
plus hardies.

② Le dernier paragraphe reproduit à peu près textuellement
une tirade du père Hoop (citée par Diderot dans une lettre à
Sophie Volland du 30 octobre 1759). Montrer que ce développement possède, selon la formule de J. Proust *(Diderot et l'Encyclopédie)*, « l'avantage de fonder le principe de la séparation du
spirituel et du temporel sur celui d'un contrat politique entre le
peuple et le souverain. »

---

1. Sentiment de crainte. — 2. Califes de la dynastie abbasside, des VIIIe et IXe siècles.
— 3. Le libraire Le Breton a remplacé *secte* (qui figurait sur le manuscrit) par *religion.*

tion, de l'ignorance et du vice; vous réduirez à la condition de simples citoyens ces hommes de droit divin qui
50 s'élèvent sans cesse contre votre autorité; vous reprendrez
ce qu'ils ont extorqué de l'imbécillité de vos prédécesseurs;
vous restituerez à vos peuples les richesses dont ces inutiles
et dangereux fainéants regorgent; vous doublerez vos revenus sans multiplier les impôts; vous réduirez leur chef
55 orgueilleux à son filet et à sa ligne de pêcheur; vous
empêcherez des sommes immenses d'aller se perdre dans
un gouffre étranger, d'où elles ne sortent plus; vous verrez
la population et l'agriculture refleurir dans vos provinces;
vous aurez l'abondance et la paix, et vous régnerez et vous
60 aurez exécuté toutes ces grandes choses sans exciter un
murmure, sans avoir répandu une seule goutte de sang.

    Mais il faut avant tout que vous soyez bien persuadé que
l'amour de vos sujets est le seul appui véritable de votre
puissance; et que si dans la crainte que les murs de votre
65 palais ne se renversent en-dehors, vous leur cherchez des
étais, il y en a qui tôt ou tard les renverseront en-dedans.
Le souverain sage et prudent isolera sa demeure de celle
des dieux. Si ces deux édifices sont trop voisins, ils se
presseront, et il arrivera avec le temps que le trône sera
70 gêné par l'autel, et que portés un jour l'un contre l'autre
avec violence, ils chancelleront tous les deux.] [...]

                                   (Diderot)

SITUATION

Situation, en géométrie et en algèbre, signifie la position
respective des lignes, surfaces. [...]

    M. Leibnitz [1] parle dans les actes de Leipzig d'une espèce
particulière d'analyse, qu'il appelle analyse de *situation*,
5 sur laquelle on pourrait établir un sorte de calcul.

    Il est certain que l'analyse de *situation* est une chose qui
manque à l'algèbre ordinaire. C'est le défaut de cette
analyse qui fait qu'un problème paraît souvent avoir plus
de solutions qu'il n'en doit avoir dans les circonstances
10 limitées où on le considère. Par exemple, qu'on propose

---

1. Inventeur du calcul différentiel et infinitésimal, Leibniz est considéré comme un précurseur des mathématiques modernes.

de mener par l'an-
gle C, d'un carré
ABCD une ligne
FCG, qui soit ter-
15 minée par les côtés
AD et AB prolon-
gés, et qui soit égale
à une ligne donnée
LM. Il est certain
20 que ce problème
ainsi proposé n'a
que deux solutions,
et qu'on ne peut me-
ner par le point C
25 plus de deux lignes
ECH, GCF qui sa-
tisfassent à la ques-
tion. Cependant si

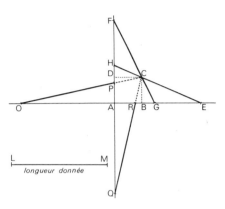

longueur donnée

on réduit ce problème en équation en prenant AG pour
30 inconnue, on trouvera qu'il monte au quatrième degré.
Voyez *L'application de l'Algèbre à la Géométrie*[1] de
M. Guisnée[2], et le *Neuvième livre de sections coniques*[3]
de M. de l'Hôpital[2], d'où il s'ensuit que le problème a
quatre solutions, et il en a quatre en effet, parce qu'on peut
35 faire passer par le point C deux lignes CO, CQ, dont les
parties OP, QR, terminées par les côtés AD et AB (prolongés ou non), soient égales à la ligne donnée LM; ce qui
différencie les lignes OP et QR d'avec les lignes GF, EG,
c'est que les extrémités de ces deux-ci se trouvent sur les
40 côtés AD et AB *prolongés vers* H et vers F, au lieu que OP
a une de ses extrémités sur AD *non prolongée* et l'autre sur
AB *prolongée vers* O; et de même QR a l'une de ses extrémités sur AB *non prolongée*, et l'autre sur AD *prolongée
vers* Q. Le calcul algébrique ne peut exprimer autre chose
45 que la condition que les extrémités G, F, E, H, soient sur
AD et AB *prolongées ou non ;* et voilà pourquoi le calcul
donne quatre solutions du problème. Il est vrai que cette
abondance de l'algèbre qui donne ce qu'on ne lui demande
pas, est admirable et avantageuse, à plusieurs égards, mais

1. 1705. — 2. Mathématiciens célèbres au début du XVIIIe siècle. — 3. 1707.

50   aussi elle fait souvent qu'un problème qui n'a réellement
     qu'une solution en prenant son énoncé à la rigueur, se
     trouve renfermé dans une équation de plusieurs dimensions,
     et par-là ne peut en quelque manière être résolu. Il serait
     à souhaiter que l'on trouvât moyen de faire entrer *la*
55   *situation* dans le calcul des problèmes, cela les simplifierait
     extrêmement pour la plupart, mais l'état et la nature de
     l'analyse algébrique ne paraissent pas le permettre. [...]
                                                    (d'Alembert)

SOIE

M. Bon [1] fit voir à la société des Sciences de Montpellier,
une paire de bas faits de soie d'araignée, qui ne pesaient
que deux onces et un quart, et des mitaines qui ne pesaient
qu'environ trois quarts d'once; ces bas et ces mitaines
5   étaient aussi forts, et presque aussi beaux que ceux qui
sont faits avec de la soie ordinaire; ils étaient d'une couleur grise, approchante du gris de souris, qui était la
couleur naturelle de cette soie, mais son lustre et son éclat
avaient sans doute été augmentés par l'eau de savon
10 mêlée de salpêtre, et d'un peu de gomme arabique.
M. Bon ayant envoyé des ouvrages de soie d'araignée à
l'académie royale des Sciences de Paris, la compagnie
chargea deux académiciens d'examiner la soie des araignées, pour savoir de quelle utilité elle pourrait être au
15 public. M. de Réaumur [2] fut nommé pour cet examen, et
l'année suivante, 1710, il rendit compte de son travail.
M. Bon ayant fait voir que les araignées filaient, dans
certains temps de l'année, une soie dont on pouvait faire
différents ouvrages, M. de Réaumur se proposa de recher-
20 cher les moyens de nourrir et d'élever les araignées, et
ensuite de savoir si leur soie pourrait être à aussi bon
marché que celle des vers à soie; et au cas qu'elle fût
plus chère si on pourrait être dédommagé de quelque
façon. On sait que les araignées se nourrissent de mouches;
25 mais toutes les mouches du royaume suffiraient à peine,
pour nourrir les araignées qui seraient nécessaires pour
fournir de la soie aux manufactures, et d'ailleurs comment

---

1. Savant et magistrat français, auteur d'une *Dissertation sur l'araignée*. — 2. Mathématicien, physicien, physiologiste et naturaliste, *Réaumur* (1683-1757) était aussi un remarquable technologue.

faire pour prendre chaque jour ces mouches? il fallait
donc chercher une autre sorte de nourriture; les araignées
30 mangent des cloportes, des mille-pieds, des chenilles, des
papillons; ces insectes n'étaient guère plus aisés à trouver que des mouches; M. de Réaumur s'avisa de leur
donner des vers de terre coupés par morceaux, elles
les mangèrent, et en vécurent jusqu'au temps de faire
35 leur coque [1] : il est facile de ramasser autant de vers de terre
qu'on en veut; ces insectes sont extrêmement abondants
dans les champs; il faut les chercher pendant la nuit à la
lumière d'une chandelle; on en trouve en quantité dans
tous les temps, excepté après les longues sécheresses.
40 Il serait donc aisé de nourrir un grand nombre d'araignées. [...]

Mais les araignées se mangent entre elles...

Il faudrait donc, pour avoir de la soie, nourrir des
araignées dans des lieux séparés, où chacune aurait
sa case; alors il faudrait bien du temps pour donner à
45 manger à chacune en particulier. Les vers à soie ne
demandent pas cette précaution; d'ailleurs il sont assez
féconds puisqu'ils fournissent aujourd'hui une si grande
quantité de soie en Europe; on pourrait encore les multiplier davantage, si on le voulait. Reste à savoir si la
50 soie des araignées est plus abondante, meilleure, ou
plus belle que celle des vers [...].

(Diderot)

SPINOSISTE

Spinosiste, s. m. (Gram.), sectateur de la philosophie de
Spinosa. Il ne faut pas confondre les *spinosistes* anciens
avec les *spinosistes* modernes. Le principe général de ceux-
ci, c'est que la matière est sensible, ce qu'ils démontrent par
5 le développement de l'œuf, corps inerte, qui, par le seul
instrument de la chaleur graduée, passe à l'état d'être
sentant et vivant, et par l'accroissement de tout animal
qui, dans son principe, n'est qu'un point, et qui, par
l'assimilation nutritive des plantes, en un mot, de toutes
10 les substances qui servent à la nutrition, devient un

---

1. Cocon.

grand corps sentant et vivant dans un grand espace. De là ils concluent qu'il n'y a que la matière, et qu'elle suffit pour tout expliquer; du reste, ils suivent l'ancien spinosisme dans toutes ses conséquences.

(Diderot)

● **Le matérialisme**

Paul Vernière a montré (*Spinoza et la pensée française avant la Révolution*, II) que Diderot et ses contemporains possédaient seulement une connaissance partielle de SPINOZA. C'est pourquoi chez Diderot, on relève, presque simultanément, une satire narquoise de Spinoza dans *Jacques le Fataliste*, et une approbation évidente des « conséquences » de l'*Éthique* dans l'article *Spinosiste*.

① Comment l'exemple de l'*œuf* illustre-t-il la thèse de la sensibilité de la matière?

② Montrer, dans ce court article, l'ébauche du matérialisme neuf, fondé sur l'expérience biologique et physique, que Diderot développe dans *le Rêve de d'Alembert* (1769).

STRATFORD

Ce titre [1] sert de prétexte à un jugement sur Shakespeare.

[...] Comme je goûte le jugement plein de délicatesse et de vérité que M. Hume [2] porte de Shakespeare, je le joins ici pour clôture. Si dans Shakespeare, dit-il, on considère un homme né dans un siècle grossier, qui a reçu l'éducation
5 la plus basse, sans instruction du monde ni des livres, il doit être regardé comme un prodige; s'il est représenté comme un poète qui doit plaire aux spectateurs raffinés et intelligents, il faut rabattre quelque chose de cet éloge. Dans ses compositions, on regrette que des scènes remplies
10 de chaleur et de passion soient souvent défigurées par un mélange d'irrégularités insupportables, et quelquefois même d'absurdités, peut-être aussi ces difformités servent-elles à donner plus d'admiration pour les beautés qu'elles environnent.
15   Expressions, descriptions nerveuses et pittoresques, il les offre en abondance, mais en vain chercherait-on chez lui

---

1. *Stratford* est la ville natale de Shakespeare. — 2. David *Hume*, philosophe et historien écossais. Venu à Paris en 1763, il se lia avec les Encyclopédistes.

la pureté ou la simplicité du langage. Quoique son ignorance totale de l'art et de la conduite du théâtre soit révoltante, comme ce défaut affecte plus dans la représentation que dans la lecture, on l'excuse plus facilement que ce manque de goût, qui prévaut dans toutes ses productions, parce qu'il est réparé par des beautés saillantes et des traits lumineux.

En un mot, Shakespeare avait un génie élevé et fertile, et d'une grande richesse pour les deux genres du théâtre; mais il doit être cité pour exemple du danger qu'il y aura toujours à se reposer uniquement sur ces avantages, pour atteindre à l'excellence dans les beaux-arts; peut-être doit-il rester quelque soupçon, qu'on relève trop la grandeur de son génie, à peu près comme le défaut de proportion et la mauvaise taille donnent quelquefois aux corps une apparence plus gigantesque.

(de Jaucourt)

TRAPPE

Trappe *(abbaye de)* (Hist. ecclés.). [...] En 1662, l'abbé Jean le Boutillier de Rancé [1], converti, non par la mort [2] subite, je crois, de la belle madame de Montbazon, dont il était amant favorisé, mais par une circonstance extraordinaire qui l'a suivie [3], porta la réforme la plus austère à la *Trappe*. C'est là que se retirent ceux qui ont commis quelques crimes secrets dont les remords les poursuivent; ceux qui sont tourmentés de vapeurs mélancoliques et religieuses [4]; ceux qui ont oublié que Dieu est le plus miséricordieux des pères, et qui ne voient en lui que le plus cruel des tyrans; ceux qui réduisent à rien les souffrances, la mort, et la passion de Jésus-Christ, et qui ne voient la religion que du côté effrayant et terrible. C'est de là que partent des cris, et là que sont pratiquées des austérités qui abrègent la vie, et qui font injure à la divinité.

---

1. Religieux qui mena une vie dissipée, puis se convertit après la mort de Gaston d'Orléans (1660) dont il était l'aumônier. Il se retira en Normandie, à l'abbaye de *la Trappe* (l. 6), où il introduisit une réforme très rigoureuse. — 2. En 1657. — 3. La mort de Gaston d'Orléans. — 4. Voir l'article *Mélancolie religieuse*, p. 129.

VILLE

[...] Pour qu'une *ville* soit belle, il faut que les principales
rues conduisent aux portes; qu'elles soient perpendicu-
laires les unes aux autres, autant qu'il est possible, afin
que les encoignures des maisons soient à angles droits;
5 qu'elles aient huit toises [1] de large, et quatre pour les petites
rues. Il faut encore que la distance d'une rue à celle qui lui
est parallèle, soit telle qu'entre l'une et l'autre il y reste
un espace pour deux maisons de bourgeois, dont l'une a la
vue dans une rue, et l'autre dans celle lui qui est opposée.
10 Chacune de ces maisons doit avoir environ cinq à six toises
de large, sur sept à huit d'enfoncement, avec une cour de
pareille grandeur : ce qui donne la distance d'une rue à
l'autre de trente-deux à trente-trois toises. Dans le concours [2]
des rues, on pratique des places, dont la principale est
15 celle où les grandes rues aboutissent; et on décore ces
places, en conservant une uniformité dans la façade des
hôtels ou des maisons qui les entourent, et avec des statues
et des fontaines. Si avec cela les maisons sont bien bâties,
et leurs façades décorées, il y aura peu de choses à
20 désirer. [...]

(de Jaucourt)

VOLUPTUEUX

Voluptueux, adj. (Gram.), qui aime les plaisirs sensuels : en ce
sens, tout homme est plus ou moins *voluptueux*. Ceux qui
enseignent je ne sais quelle doctrine austère qui nous affli-
gerait sur la sensibilité d'organes que nous avons reçue de la
5 nature qui voulait que la conservation de l'espèce et la nôtre
fussent encore un objet de plaisirs, et sur cette foule d'objets
qui nous entourent et qui sont destinés à émouvoir cette
sensibilité en cent manières agréables, sont des atrabilaires à
enfermer aux petites-maisons. Ils remercieraient volontiers
10 l'Être tout-puissant d'avoir fait des ronces, des venins, des
tigres, des serpents, en un mot tout ce qu'il y a de nuisible
et de malfaisant; et ils sont tout prêts à lui reprocher
l'ombre, les eaux fraîches, les fruits exquis, les vins délicieux, en un mot, les marques de bonté et de bienfaisance

---

1. La toise d'ordonnance, ou toise de l'Académie, avait été fixée, en 1688, à environ
1,95 m. — 2. Croisement.

[15] qu'il a semées entre les choses que nous appelons *mauvaises* et *nuisibles*. A leur gré, la peine, la douleur ne se rencontrent pas assez souvent sur notre route. Ils voudraient que la souffrance précédât, accompagnât et suivît toujours le besoin; ils croient honorer Dieu par la privation des [20] choses qu'il a créées. Ils ne s'aperçoivent pas que, s'ils font bien de s'en priver, il a mal fait de les créer; qu'ils sont plus sages que lui; et qu'ils ont reconnu et évité le piège qu'il leur a tendu.

ZZUÉNÉ

Zzuéné ou Zzeuene (Géog. anc.). Ville située sur la rive orientale du Nil, dans la haute Égypte, au voisinage de l'Éthiopie.

[5] C'est ici le dernier mot géographique de cet Ouvrage, et en même temps sans doute celui qui sera la clôture de l'Encyclopédie.

« Pour étendre l'empire des Sciences et des Arts, dit Bacon [1], il serait à souhaiter qu'il y eût une correspondance entre d'habiles [2] gens de chaque classe [3]; et leur assem- [10] blage jetterait un jour lumineux sur le globe des Sciences et des Arts. O l'admirable conspiration! Un temps viendra, que des philosophes animés d'un si beau projet oseront prendre cet essor! Alors il s'élèvera de la basse région des sophistes [4] et des jaloux, un essaim nébuleux, qui, [15] voyant ces aigles planer dans les airs, et ne pouvant ni suivre ni arrêter leur vol rapide, s'efforcera par de vains croassements, de décrier leur entreprise et leur triomphe. »

(de Jaucourt)

● **L'esprit de l'Encyclopédie**

Jaucourt proclame sa conviction enthousiaste que les Encyclo-pédistes ont réalisé le souhait et la prédiction de Bacon.
① Cette conviction vous paraît-elle fondée?

1. Voir p. 36, note 1. — 2. Capables d'appliquer leurs connaissances. — 3. Spécialité. — 4. Utilisateurs d'arguments faux.

ÉTUDE DE L'ENCYCLOPÉDIE

L'esprit de l'« Encyclopédie » Un regard rapide dans une bibliothèque sur les dix-sept lourds volumes in-folio de l'*Encyclopédie* ne laisse pas immédiatement deviner pourquoi cette œuvre a soulevé tant de passions, ni en quoi elle constitue « une des contributions les plus considérables et les plus significatives de la philosophie française du XVIIIᵉ siècle aux progrès de la raison humaine » (Jacques Proust, *Dictionnaire rationaliste*, article *Encyclopédie*).

Le désir de dresser le bilan des connaissances humaines ne correspond pas, au XVIIIᵉ siècle, à un souci de « divertissement » au sens pascalien du terme, mais à une volonté de définir la place de l'homme sur la terre. L'*Encyclopédie* présente sous un jour nouveau, explicitement ou non, les rapports de l'homme avec Dieu, avec la nature, avec les autres hommes. Manifestement on veut écarter l'homme de tout mystère, l'amener à n'écouter que sa raison : si la religion est utile au peuple, le philosophe peut s'en passer. Le savoir humain ne prend plus son sens par rapport à Dieu, mais se tourne vers le concret, la nature, l'homme biologique et social. Écartant toute révélation, le philosophe et le savant doivent poser patiemment les problèmes, les résoudre méthodiquement, faire la somme des connaissances théoriques et techniques, trouver enfin un point central d'où l'on puisse avoir une vue synthétique.

Ce point central, Diderot le dit avec force dans son article *Encyclopédie*, c'est l'homme, « terme unique d'où il faut partir et auquel il faut tout ramener si l'on veut plaire, intéresser, toucher jusque dans les considérations les plus arides et les détails les plus secs ». Cet homme concret et naturel qui donne son sens au monde est présenté, dans l'article *Homme*, comme « un être sentant, réfléchissant, pensant, qui se promène librement sur la surface de la terre, qui paraît être à la tête de tous les autres animaux sur lesquels il domine, qui vit en société, qui a inventé des sciences et des arts, qui a une bonté et une méchanceté qui lui est propre, qui s'est donné des maîtres, qui s'est fait des lois ». La tâche des Encyclopédistes est dès lors nettement définie : chaque science devient, dans son ordre et dans son objet, une science de l'homme. Très savant, l'homme sera très sage, car il vivra comme il le veut la nature, sans autre sujétion que celle de ses penchants, et il trouvera la paix et le bonheur de l'existence. Confiance dans la bonté des instincts, confiance dans la raison humaine, confiance dans l'idée de progrès scientifique, social et moral — synonyme de liberté ou plus précisément de libération —, tel est le fond de la philosophie encyclopédique.

L'homme nouveau qui se dresse au milieu du XVIIIe siècle, avide d'affirmer ses droits, s'identifie à la bourgeoisie conquérante. Cette classe, ouverte à toutes les idées nouvelles, tend à contrôler les différents secteurs de l'économie, surtout le commerce, à dessiner l'essor de la grande industrie et à implanter une agriculture plus rationnelle. La conscience qu'elle prend de sa mission l'amène à une philosophie qui rapporte tout au travail, expression naturelle de l'homme, garant du progrès et du bonheur. L'esprit encyclopédique correspond donc à l'esprit général d'une classe vivante et active, dont les idéaux sont peu à peu adoptés par beaucoup de membres des deux autres ordres, heureux de rencontrer dans le *Dictionnaire* la formulation de leurs doutes, de leurs désirs et de leurs certitudes.

Les idées politiques Sur le plan de la philosophie politique il ne faut pas chercher dans l'*Encyclopédie* des conceptions révolutionnaires : beaucoup d'articles répètent les enseignements de Grotius et de Pufendorf, théoriciens du droit naturel, ou reprennent les idées de Montesquieu. Cette relative timidité s'explique par les véritables préoccupations de la bourgeoisie éclairée vers 1750 :

« La bourgeoisie n'est pas alors révolutionnaire sur le plan politique, elle ne le deviendra que plus tard, et presque malgré elle. Ses aspirations sont simples : il s'agit pour elle d'accéder au rôle politique qu'elle a conscience de mériter par son importance économique et intellectuelle. Or l'État est encore entre les mains d'une aristocratie incapable de le réformer et de lui imposer l'organisation cohérente, l'ordre, que l'on doit exiger d'un État moderne. Il faut donc refondre les institutions politiques suivant les exigences de la raison, enlever le pouvoir aux ordres parasitaires et inutiles, noblesse, clergé, pour le donner à ceux qui en sont dignes par leur compétence et leurs activités socialement utiles. La réalisation de cette revendication n'exige pas la remise en cause du système politique en vigueur en France » (Alain Pons, édition de l'*Encyclopédie*, p. 102).

Concevant la société comme une institution naturelle, les Encyclopédistes réservent à un contrat politique l'établissement du gouvernement. L'État est « une société civile, par laquelle une multitude d'hommes sont unis ensemble, sous la dépendance d'un souverain, pour jouir par sa protection et par ses soins de la sûreté et du bonheur qui manquent dans l'état de nature » (article *État*). L'autorité conférée au souverain par le pacte de soumission émane de chacun des individus associés au sein de la nation : « Aucun homme n'a reçu de la nature le droit de commander aux autres », rappelle Diderot dans *Autorité politique*, chaque citoyen remet — ou est supposé remettre — librement l'autorité qu'il détient au souverain qu'il choisit ou admet en accord avec ses concitoyens.

« Ainsi la doctrine de Diderot repose indiscutablement sur le principe de la souveraineté nationale; elle s'oppose à la fois à la théorie du droit divin et à l'assimilation du pouvoir monarchique au pouvoir paternel. En dernière analyse, la source du pouvoir est dans chacun des membres du corps, même si le contrat semble le déposséder entièrement de ce pouvoir. En ce sens, et seulement en ce sens, on peut dire que la doctrine de Diderot est démocratique : le pouvoir vient du peuple, et s'exerce au profit du peuple. Mais ce n'est pas une doctrine démocratique au sens plein du terme, puisque le peuple n'a pas actuellement le pouvoir, et ne doit pas espérer le reprendre tant que la succession dynastique sera assurée » (Jacques Proust, *Diderot et l'Encyclopédie*, p. 425).

De la volonté générale, le monarque n'est que le représentant. S'il cède à son bon plaisir, s'il ruine la puissance législative, s'il abuse de sa force, il perd toute légitimité et devient un tyran susceptible d'être renversé en fonction du principe même qu'il a fait sien : le droit du plus fort. Jaucourt développe même, dans l'article *Patrie*, le mot célèbre de La Bruyère : « Il n'y a point de patrie dans le despotisme. »

C'est que l'homme possède naturellement des droits inaliénables. Et les Encyclopédistes luttent pour la reconnaissance des droits de l'individu libre, qui ne reçoit ses lois que de lui-même. La liberté de penser et d'écrire est revendiquée par Diderot dans les articles *Aïus locutius, Casuiste, Carton, Encyclopédie* et *Pyrrhonienne*. Ces idées aboutissent à l'attitude libérale qu'adopte Malesherbes envers l'*Encyclopédie* et qu'il a cherché à définir dans ses *Mémoires sur la librairie et la liberté de la presse*. Le ton est catégorique quand il s'agit de défendre la liberté physique de l'homme menacé par les injustices. L'article *Intolérance* traduit l'indignation de Diderot, et dans l'article *Réfugiés* le philosophe flétrit la révocation de l'Édit de Nantes au nom de l'humanité bafouée par le fanatisme. C'est également au nom de l'humanité que l'*Encyclopédie* condamne la torture et la question, rappelant par ailleurs l'inefficacité des supplices pour rétablir les mœurs, et s'insurge contre l'esclavage, en particulier l'esclavage des nègres : « La règle juste n'est pas fondée sur la puissance, mais sur ce qui est conforme à la nature. L'esclavage n'est pas seulement un état humiliant pour celui qui le subit, mais pour l'humanité qui en est dégradée » *(Esclavage)*. Enfin la guerre est mise hors la loi par Jaucourt, dans l'article *Guerre*, et Damilaville dans l'article *Paix :* ses horreurs suscitent la colère, et les conquêtes ne valent jamais le prix qu'elles ont coûté. Cette émotion sincère et vraie des Encyclopédistes marque le lien qui se noue, dans la seconde moitié du xviiie siècle, entre une sensibilité humanitaire et une ardente affirmation de la primauté de la raison.

Les idées En économie comme en politique l'*Encyclopédie* **économiques** se montre éclectique, et elle accueille les principales doctrines de son siècle.

Une conception juridique et morale de la science économique est exposée par Rousseau dans son article *Économie politique* : il y montre que l'économie doit reposer sur un contrat social, qu'à ce titre le droit de propriété est nécessaire puisqu'il garantit la subsistance du peuple, qu'une bonne économie doit faire régner la vertu et empêcher l'inégalité des fortunes. Ces vues paraissent surtout normatives.

Mais bon nombre d'autres articles, *Agriculture, Ferme, Fermiers, Grains, Homme, Manufacture*, révèlent une claire conscience des déterminismes physiques qui régissent la matière économique. Les physiocrates Quesnay, Turgot, Forbonnais, Le Roy montrent que le progrès économique et social, dans la France du xviiie siècle, est lié au progrès agricole. Telle n'était pas, en 1750, la conception de Diderot. Quand il commence sa description des arts, le philosophe s'intéresse au développement de la production industrielle et à l'extension du machinisme. Adoptant la doctrine mercantiliste de Colbert, il pense que les artisans et les manufacturiers constituent une source de richesse pour le royaume, car leurs exportations font affluer l'or étranger, et il associe les commerçants à cet éloge. Mais, en accord avec Forbonnais qui à partir du tome III coordonne les matières de commerce, il préconise la liberté de la production et des échanges et condamne le dirigisme colbertien.

Pourtant, peu à peu l'Encyclopédie accueille les théories des physiocrates, qu'elle a très largement contribué à diffuser. Les articles *Fermiers* et *Grains* donnent à la terre la primauté économique et soulignent le rapport entre la production agricole et le niveau de vie de l'époque. Ils présentent en termes concrets tous les grands problèmes de l'économie :

« Identité entre la production et la consommation; nécessité pour accroître la production d'accroître les rendements et donc de recourir aux procédés techniquement plus évolués de la grande culture; lien entre le niveau de vie et la mortalité; lien entre la production nationale et le commerce extérieur. Ces déterminismes simples, mais souvent négligés ou niés par les hommes, sont à la base des notions modernes de revenu national et de productivité du travail. Nous les redécouvrons péniblement aujourd'hui après 150 ans d'oubli » (Jean Fourastié, « l'Encyclopédie et la notion de progrès économique », *Annales de l'Université de Paris*, octobre 1952, p. 142-143).

Ce programme amène les Encyclopédistes à rechercher simultanément le progrès économique, le progrès social et le progrès technique. Diderot soutient, dans l'article *Art*, que les recherches techniques permettent le développement de la prospérité économique, et que la division du travail entraîne l'accroissement de la production. L'article *Ferme* souligne les rendements obtenus grâce à l'introduction de méthodes scientifiques, et l'article *Agriculture* insiste sur la nécessité de développer la recherche scientifique et l'enseignement agricole. Dans tous les domaines de l'économie, pour sortir des vieux cadres, un effort créateur incessant est indispensable.

Le travail humain   Préparé par ses origines à comprendre l'importance du travail et des techniques, Diderot introduit de plain-pied ses lecteurs dans le monde des champs, de l'atelier, de la manufacture et de la mine. La méthode de recherche employée utilise en effet les enquêtes sur place, et c'est une véritable histoire des techniques que nous propose le canevas adopté dans la plupart des articles : étude de la matière première, de son origine, de sa préparation, de ses caractéristiques; tableau des ouvrages réalisés avec cette matière, description des techniques utilisées; analyse technologique des outils et des machines employés, illustrée de dessins en coupe et en profil; planches montrant les opérations successives; lexique des termes techniques cités.

Cette richesse documentaire et cet effort de vulgarisation montrent que l'*Encyclopédie* tend à réhabiliter le travail manuel, selon le vœu exprimé par d'Alembert dans son *Discours préliminaire :* on y décèle le souci de « prouver que les qualités de l'esprit se manifestent aussi bien dans les applications pratiques que dans les formes théoriques d'activité intellectuelle dont s'enorgueillissent les arts dits « libéraux ». Par ailleurs, les Encyclopédistes admirent la technique qui doit permettre de multiplier les biens et les commodités : c'est en fonction de cette utilité que les « artisans », les travailleurs manuels sont à estimer (Georges Friedmann, « l'Encyclopédie et le travail humain », *Annales de l'Université de Paris*, octobre 1952, p. 129).

Dans cette perspective la machine apparaît comme un outil sans cesse plus perfectionné, dépendant étroitement de celui qui la dirige, et propre à soulager l'homme dans sa tâche. Cet optimisme n'empêche pas les Encyclopédistes de prévoir la possibilité d'un certain chômage, le danger de surproduction et l'afflux des ruraux vers les villes. Avec une lucidité qui annonce les analyses des révolutionnaires socialistes de 1848, Saint-Lambert discerne, dans l'article *Luxe*, le sort qui attend beaucoup d'ouvriers victimes des conditions économiques et psychologiques de leur travail : « Ils n'ont nul amour pour la patrie qui n'est pour eux que le théâtre de leur avilissement et de leurs larmes. »

Religion et morale « Culte de la raison, haine de la religion », le jugement célèbre de Lanson sur *le Siècle de Louis XIV* peut s'appliquer à l'*Encyclopédie*. Bien sûr certains collaborateurs, comme les abbés, s'en sont tenus à des positions orthodoxes, bien sûr la rédaction fait souvent preuve d'une prudence qui irritait Voltaire, mais, ouvertement ou non, l'œuvre s'assigne le but d'abattre la religion.

L'article *Raison* rappelle que « nous sommes hommes avant que d'être chrétiens » (voir p. 153, l. 27) et présente la religion comme « la chose du monde en quoi les hommes paraissent les plus déraisonnables ». Au nom de cette raison, il faut refuser toute créance aux faits non prouvés, rejeter toutes les impostures, et se mettre en garde contre les miracles. De là à stigmatiser la politique insidieuse des prêtres, il n'y a qu'un pas, allégrement franchi par Jaucourt à l'article *Oracle*, et par d'Holbach à l'article *Prêtres*. Toujours au nom de la raison, il faut soumettre à la réflexion la théologie et étudier avec l'objectivité de l'érudition et de la critique les livres révélés. L'article *Enfer*, opposant le dogme de l'éternité des peines à ceux de la justice et de la miséricorde divine, souligne la contradiction qui apparaît entre les croyances et le sentiment de justice. On voit donc que « si les Encyclopédistes se gardent bien de rejeter ouvertement les dogmes de l'Église, ils ne perdent pas une occasion de laisser entendre qu'un effort pénible doit être fait par la raison humaine pour se soumettre à ce qu'elle répugne à accepter » (Pierre Grosclaude, *Un audacieux message*, l'*Encyclopédie*, p. 164). Souvent d'ailleurs des formules sévères ont été censurées par le libraire Le Breton, telle la digression de l'article *Sarrasins* où Diderot écrivait (voir p. 162, l. 6) : « La religion s'avilit à mesure que la philosophie s'accroît. » Cette incompatibilité entre la raison et la foi, point commun entre la pensée de Diderot et le *Testament* du curé Meslier, est un postulat constamment sous-jacent dans l'*Encyclopédie*. Plus encore que les dogmes, les rites et les pratiques religieuses sont l'objet d'attaques mordantes et ironiques, dont l'article *Pain béni* constitue un exemple. Reprenant des sujets chers au Montesquieu des *Lettres persanes*, les Encyclopédistes flétrissent la dégradation de la vie monacale, l'hypocrisie de la dévotion extérieure et, par gallicanisme autant que par anticléricalisme, la dégénérescence de la papauté.

Cette condamnation de la religion porte avant tout sur le fanatisme que l'on y déplore. L'article *Christianisme*, pourtant mesuré et anonyme, regrette la nature intolérante du christianisme. Bientôt l'*Encyclopédie*, victime du parti dévot, devient plus âpre. Diderot insiste sur les causes sordides des croisades et s'identifie peu à peu aux persécutés de tous les temps. Les dix derniers volumes accumulent les exemples de fanatisme religieux, montrent que dans ce domaine le christianisme n'a rien à envier aux autres religions et soulignent le caractère contingent de la morale chrétienne.

Pourtant Diderot et les Encyclopédistes croient à la nécessité d'une base sûre pour fonder la morale. Nombre d'articles ressortissent d'une morale laïque qui invite à suivre la voie de la nature et des passions. Influencés par le sensualisme de Locke, les auteurs, qu'ils soient déistes ou athées, conçoivent la vie humaine comme une réalité en soi, affirment la légitimité du bonheur et du plaisir, et présentent l'altruisme comme le but essentiel de l'existence.

Autant que par cette conception de la bonté naturelle de l'homme, l'*Encyclopédie* s'écarte du christianisme sur la situation de l'homme. L'article *Ame* reconnaît l'impossibilité de démontrer l'immortalité de l'âme. L'article *Animal*, « pièce maîtresse de la machine de guerre encyclopédique » (Jacques Proust, *Diderot et l'Encyclopédie*, p. 288), montre que Diderot « a clairement conçu l'idée d'une évolution des êtres vivants, du moins organisé au plus organisé », et l'article s'achève par un renvoi à l'article *Ame des bêtes*. Enfin Le Roy développe, dans *Instinct*, l'idée d'une sensibilité et d'une mémoire chez les animaux, présentant l'homme comme un animal à peine plus évolué que les autres. De tels articles, ainsi que la sympathie déclarée pour les thèses de l'atomisme ou de l'épicurisme, et l'abandon de la théorie des idées innées, ont amené certains critiques à taxer l'*Encyclopédie* d'athéisme et de matérialisme. Si le matérialisme de Diderot et d'Holbach — qui d'ailleurs s'exprime plus nettement dans leurs œuvres personnelles comme *le Rêve de d'Alembert* ou *le Christianisme dévoilé* — est évident, mieux vaut parler, à propos des autres collaborateurs — dont plusieurs étaient des prêtres —, de scepticisme, d'agnosticisme ou de positivisme. La convergence de ces positions diverses, dans un ouvrage collectif revêtu d'un privilège, représentait le plus solide atout dans la lutte contre le dogmatisme religieux.

La science   « Qu'opposer à la religion, sinon la science qui est la plus belle conquête de la raison, la science qui diffuse les lumières du savoir et dissipe les ténèbres de l'ignorance, des préjugés, de la superstition, du fanatisme? » (Alain Pons, édition de l'*Encyclopédie* p. 96).

L'*Encyclopédie* présente un tableau très complet de l'état

des sciences vers 1750, dressé par des spécialistes ou par d'authentiques savants.

Les **mathématiques** occupent une place privilégiée grâce à D'ALEMBERT, dont les exposés révèlent une connaissance exhaustive, une étude rigoureuse des principes, et de réelles aptitudes pédagogiques : « Après avoir, malgré son aversion pour les définitions *a priori*, défini la science étudiée, d'Alembert en expose les grands principes, montre l'origine de chacun de ceux-ci, émet le plus souvent des réflexions personnelles sur l'orientation et la « métaphysique » de la science étudiée et renvoie le lecteur désireux d'approfondir ces indications à d'autres articles du *Dictionnaire* et à divers ouvrages de référence » (René Taton, « les Mathématiques selon l'Encyclopédie », dans *l'Encyclopédie et le progrès des sciences techniques*, p. 61).

A la **physique**, D'ALEMBERT assigne le but de libérer entièrement la science du spiritualisme, rejeton philosophique de la théologie. Il affirme, dès le *Discours préliminaire*, l'existence du monde extérieur, exclut de la science tous les raisonnements fondés sur un être intelligent capable d'agir sur la matière et fait confiance à la postérité pour résoudre les difficultés momentanément insolubles. Dans tous les articles, l'expérience apparaît comme la source unique des connaissances et comme le critère de la vérité objective des théories. Ainsi d'Alembert définit la « force accélératrice » uniquement par son effet cinématique expérimentalement mesurable.

Soigneusement distinguée de la physique, la **chimie** est limitée par VENEL, le principal rédacteur, à l'étude des qualités intérieures des corps. Les articles divulguent les résultats des procédés d'analyse et de combinaison appliqués aux différents corps connus. Mais Venel cherche à montrer que les livres ne peuvent se substituer à l'expérience : il invite ses lecteurs à suivre des leçons publiques, comme celles de Rouelle, et à prendre des cours particuliers. On peut dire qu'il a atteint son but : vulgariser dans le monde le goût de la chimie.

Les articles consacrés à l'**astronomie** diffusent les connaissances de l'époque avec une certaine prudence, imposée par la censure — la condamnation de Galilée date d'à peine plus d'un siècle —, critiquent les superstitions, les conceptions théologiques du monde et montrent la supériorité des explications matérialistes de l'univers. L'*Encyclopédie* affirme l'évolution de la matière, des astres et de l'univers, et répudie tout raisonnement fondé sur « la volonté d'un principe pensant ». A une époque où le système héliocentrique est encore discuté, elle défend le système de Copernic comme le seul vrai. D'ALEMBERT qui, en 1749, vient de calculer la précession des équinoxes, constate l'accord numérique entre les phénomènes observés et les théories de Newton sur la gravitation universelle.

L'*Encyclopédie* ouvre largement ses colonnes aux **sciences de la nature**. Elle se fait le défenseur de la vérité (article *Agnus scythicus*) et s'efforce d'être au courant de l'actualité (ainsi Diderot, suppléant Daubenton, fait allusion dans l'article *Insecte* à la parthénogénèse du puceron, découverte depuis quelques années seulement). Le souci du concret apparaît dans les planches : la puce, vue au microscope, occupe deux feuilles à elle seule. La parole est donnée à l'observation : sur les faits, et sur eux seuls se construisent la science et la philosophie.

Parmi les articles de **médecine** restés d'actualité, sur « les inconvénients qui résultent de l'emmaillotement des nouveau-nés », sur la nécessité de la vaccination contre la variole, ou sur les poisons et leurs antidotes, on relève quelques études remarquables. Ainsi ANTOINE LOUIS étudie longuement les expériences de Réaumur sur les digestions artificielles; plusieurs articles importants sont consacrés aux problèmes de la sexualité et de la génération; enfin l'article *Mort* enseigne la différence entre la « mort imparfaite » et la « mort absolue » et suggère la possibilité d'une réanimation tant que la mort biologique n'est pas consommée.

Les problèmes de l'enseignement Bien que l'enseignement ne les retienne pas essentiellement, les Encyclopédistes traitent assez longuement les questions d'éducation. Dans l'article *Économie politique*, Rousseau présente l'éducation comme un devoir de l'État et, à l'article *Législateur*, Saint-Lambert, précurseur de l'instruction civique, affirme que « l'éducation des enfants sera un moyen efficace pour attacher les peuples à la patrie, pour leur inspirer l'esprit de la communauté, l'humanité, la bienveillance, les vertus publiques et privées, l'amour de l'honnête, les passions utiles à l'État ». Cette conception explique l'hostilité manifestée par d'Holbach, Rousseau, Turgot ou d'Alembert au monopole du clergé, et leur souhait d'un enseignement d'État, laïc, débarrassé de la tutelle de l'Église. D'Alembert, abordant les problèmes pédagogiques, critique dans l'article *Collèges* le formalisme et la stérilité des méthodes d'enseignement appliquées par les Jésuites, et l'article *Éducation* annonce certaines thèses de l'*Émile* : lien entre l'éducation et la santé, utilité de la culture scientifique, recherche du concret, mépris de la routine et des préjugés.

Les idées littéraires Si le désir d'un art social et d'une littérature sociale est assez répandu dans le milieu encyclopédique, les principaux rédacteurs des articles littéraires, Voltaire, Marmontel ou Jaucourt, reflètent souvent l'esthétique classique qui survit à leur époque : on admire les anciens, on admet l'existence de frontières rigoureuses entre les divers genres littéraires, on croit à un point de perfection dans le goût et dans l'art, et l'on voit dans la poésie une imitation de la nature. L'*Encyclopédie* est un peu plus sensible à l'évolution littéraire dans le domaine romanesque. Bien sûr Jaucourt reprend contre le roman, après avoir décerné une couronne parcimonieuse à Madame de Lafayette, l'accusation d'immoralité et d'inesthétisme lancée par Voltaire dans *le Siècle de Louis XIV*, mais il fait l'éloge de Richardson, de la moralité du roman anglais sensible, et il admet même que le roman devient riche d'utilité morale quand il est le « tableau de la vie humaine ». Moins hardi, l'article *Tragédie* considère qu'on peut se passer d'amour dans une pièce — c'est l'originalité du théâtre de Voltaire — mais, malgré la représentation des pièces de Diderot, n'ose pas recommander le drame bourgeois.

Heureusement l'*Encyclopédie* n'est pas toujours aussi prudente. Elle diffuse la connaissance des langues et des œuvres étrangères, vulgarise les travaux des mythologues et des archéologues. Et surtout plusieurs articles de Diderot et de Jaucourt annoncent l'évolution du goût et élargissent la théorie du beau. Saint-Lambert, dans *Génie*, réhabilite l'enthousiasme, l'imagination et le sentiment; il annonce l'idée d'une incompatibilité entre le goût et le génie qui animera toute la *Préface de Cromwell*, et préfigure, par son indulgence envers les défaillances du génie, une nouvelle critique, la critique des beautés.

L'histoire Le XVIIIe siècle s'est profondément intéressé aux problèmes historiques et le nombre des articles d'histoire dans l'*Encyclopédie* (plus de 6 000) reflète cette curiosité. Les théories tiennent une grande place, et beaucoup d'articles sont consacrés au document historique, cette matière première qui doit ensuite subir l'épreuve de la critique : *Certitude*, par l'abbé de Prades, *Critique* par Marmontel, *Étymologie* par Turgot, *Érudition* par d'Alembert et *Histoire* par Voltaire. Le premier pas consiste à établir l'authenticité du document, il convient ensuite d'examiner la véracité des faits. « Précautions, impartialité, compréhension du passé, voilà les qualités que les Encyclopédistes demandent à l'historien, soit qu'il critique, soit qu'il interprète le document » (Nelly Schargo, « l'Histoire dans l'*Encyclopédie* », *Revue d'histoire littéraire*, 1951, p. 365).

Ce genre de recherches qu'ils espéraient inspirer, les Encyclopédistes ont tenté de l'esquisser en faisant l'histoire de l'homme : avec eux l'histoire civile ne se réduit plus à l'étude des monarchies, mais comprend l'histoire des peuples sous tous leurs aspects, et l'histoire des mœurs tient une place plus large que l'histoire des guerres. L'histoire économique, liée à l'histoire des coutumes politiques et sociales, est représentée par de longs articles de Turgot, de Damilaville et de Diderot. L'histoire du droit, dirigée par Boucher d'Argis, affirme, après Montesquieu, qu'on ne peut comprendre l'esprit d'une loi sans connaître les circonstances auxquelles elle est due et les changements par lesquels elle a passé. L'histoire humaine serait incomplète sans une histoire intellectuelle de l'homme. Diderot rédige lui-même presque toute l'histoire de la philosophie, et l'*Encyclopédie* consacre une très large place à l'histoire des sciences, des techniques et des beaux-arts : architecture, peinture, sculpture, musique et danse. L'histoire du genre humain apparaît comme une montée continue sur la pente de la civilisation car, avant les historiens du XIXe siècle, les Encyclopédistes pensent que « l'expérience du passé est un principe de probabilité pour l'avenir » (article *Certitude*).

La méthode **critique** L'apparence conformiste de certains grands articles orthodoxes ne doit pas tromper. Pour faire admettre une science et une philosophie nouvelles, la prudence et l'habileté s'avéraient nécessaires. Il fallait déjouer la méfiance des censeurs, les égarer sur de fausses pistes, user de subterfuges. Déjà Bayle, dans son *Dictionnaire historique et critique*, avait recouru à l'artifice des notes : sous des articles philosophiques en général courts et inattaquables se pressent des remarques volumineuses qui exposent les objections, insinuent ce qu'on n'oserait dire, sapent l'assurance de l'opinion exposée dans l'article et s'attachent à ruiner les dogmes. Les Encyclopédistes utilisent des procédés analogues. D'Alembert parle de « demi-attaques », de « guerre sourde », indispensables dans les « vastes contrées où l'erreur domine », et l'*Encyclopédie* adopte souvent une tactique très souple :
« Il y avait, même dans les grands articles, même dans des pages en apparence très orthodoxes, une manière sournoise d'insinuer le doute, en présence d'affirmations dogmatiques; il y avait une façon habile d'exposer complaisamment une thèse que l'on déclarait réprouver, ou de balancer objectivement le pour et le contre en laissant au lecteur le soin de conclure après avoir réfléchi sur les problèmes exposés. Il y avait une certaine allure respectueuse et docile qui ne trompait point sur les opinions dissimulées, et une façon de répondre aux objections de la raison et de l'esprit critique par un *non possumus* dogmatique qui laissait trop bien comprendre au lecteur averti que la docilité n'était qu'une façade, et la soumission affichée un moyen d'échapper aux poursuites. Bref, il n'y avait qu'à lire entre les lignes pour deviner ou pour comprendre » (Pierre Grosclaude, ouvr. cit., p. 148-149).

Ce n'est évidemment pas dans ces articles faussement candides ou naïfs, comme *Bible* ou *Christianisme*, que figurent les attaques les plus audacieuses; la méthode des **renvois** permet de rappeler au lecteur les intentions des rédacteurs ou de détruire l'impression créée par un article conformiste. Ce sont des renvois, écrit Diderot dans l'article *Encyclopédie* (voir p. 86, l. 69), qui « attaqueront, ébranleront, renverseront secrètement quelques opinions ridicules qu'on n'oserait insulter ouvertement ». Ainsi l'article *Carême* présente cette institution avec un sérieux un peu gauche, mais un renvoi conduit à *Critique dans les sciences*, où Marmontel soumet l'histoire sacrée à une analyse rationnelle et scientifique. Par ce procédé, on trouve la justification de l'incrédulité dans l'article *Aïus locutius*, consacré à un dieu latin de ce nom, et la critique des dépenses religieuses dans les articles *Épargne* et *Pain béni*. Une série déroutante de renvois conduit de l'article *Ame*, tout à fait orthodoxe, à *Liberté*, qui revendique la tolérance, puis de là à *Maître*, où se dévoile un matérialisme hardi. A ceux qui, au nom d'une morale formaliste, condamneraient ce recours à la ruse et souvent à l'anonymat, on ne saurait trop rappeler que, dans la lutte entre les philosophes et ceux dont ils combattaient l'autorité, ces derniers avaient en main toutes les armes : Voltaire avait été embastillé, Diderot reste emprisonné cent jours à Vincennes, Morellet et Marmontel font connaissance avec les geôles du roi.

Pour faire réfléchir leurs lecteurs, les Encyclopédistes recourent à un autre procédé original, le **dialogue**.

« La remise en question des opinions et des croyances du passé, pour être radicale, n'excluait pas mais impliquait de toute nécessité le dialogue. C'est pourquoi l'*Encyclopédie* ne pouvait être ce livre cohérent et d'une belle venue dont rêvait Voltaire. Elle devait être au contraire ce qu'elle fut, un monstre bizarre, où le pour et le contre étaient dits côte à côte et parfois dans le même article, où des hommes différents, des opinions différentes se mêlaient, s'opposaient. Cette liberté seule pouvait permettre aux Encyclopédistes de progresser réellement dans la connaissance et dans l'action. Elle n'avait à la vérité que deux limites : le dogmatisme, par quoi l'entreprise aurait été rejetée dans l'ornière qu'on venait de quitter, et le pyrrhonisme systématique, qui aurait tué l'idée même d'un progrès possible » (Jacques Proust, *l'Encyclopédie*, p. 161). Ainsi les mêmes sujets peuvent être étudiés par plusieurs auteurs sous le même titre — d'Alembert, Diderot et Toussaint traitent contradictoirement de la dissection à l'article *Cadavre* — ou sous des titres différents : la discussion entre Boucher d'Argis, Diderot et Rousseau sur les fondements de la société politique se poursuit à travers leurs articles *Droit naturel*, *Autorité politique* et *Économie politique*. Cette curiosité de toutes les nouveautés comportant un contenu positif, cette volonté de confronter les idées et de laisser le lecteur choisir, avec les lumières de sa raison, l'opinion la plus probable n'est pas une des moindres leçons que l'*Encyclopédie* peut apporter à la pensée du XXe siècle.

JUGEMENTS D'ENSEMBLE

XVIIIᵉ SIÈCLE

Lettre de VOLTAIRE à Diderot, décembre 1760 :

> Monsieur et mon très digne maître,
> J'aurais assurément bien mauvaise grâce de me plaindre de votre silence, puisque vous avez employé votre temps à préparer neuf volumes de l'*Encyclopédie*. Cela est incroyable. Il n'y a que vous au monde capable d'un si prodigieux effort. Vous aura-t-on aidé comme vous méritez qu'on vous aide? Vous savez qu'on s'est plaint des déclamations, quand on attendait des définitions et des exemples; mais il y a tant d'articles admirables, les fleurs et les fruits sont répandus avec tant de profusion, qu'on passera aisément par-dessus les ronces. L'infâme persécution ne servira qu'à votre gloire. Puisse votre gloire servir à votre fortune, et puisse votre travail immense ne pas nuire à votre santé! Je vous regarde comme un homme nécessaire au monde, né pour l'éclairer et pour écraser le fanatisme et l'hypocrisie.

XIXᵉ SIÈCLE

HEGEL, dans son *Cours d'histoire de la philosophie*, souligne l'élan et la détermination des Encyclopédistes :

> L'admirable, dans les écrits philosophiques français, et ce qui fait leur importance, c'est leur étonnante énergie, la force du concept en lutte contre l'existence, contre la foi, contre la toute-puissance de l'autorité établie depuis des milliers d'années. C'est leur caractère qui est admirable, le caractère du sentiment d'indignation la plus profonde contre l'acceptation de tout ce qui est étranger à la conscience de soi. C'est une certitude de la vérité rationnelle qui défie le monde des idées reçues et qui est certaine de sa destruction. Elle a battu en brèche tous les préjugés et elle en a triomphé.

En 1894, JOSEPH REINACH, le futur défenseur de Dreyfus, insiste sur la constitution, autour de l'*Encyclopédie*, d'un parti de la vérité et de la justice (*Diderot*, p. 50) :

> Ce qui fait, entre tous les siècles, la noblesse et la grandeur du XVIIIᵉ, c'est que l'âme française ne fut jamais, précisément pendant le cycle de l'Encyclopédie, plus assoiffée de vérité et

de justice, plus éprise de claire lumière. Sous le gouvernement le plus vil qu'elle eût encore subi, elle se redressait de toute la force invincible de l'esprit. Le combat n'était pas encore pour les réalités pratiques; il était tout entier pour les idées. L'image de Pascal : « L'homme n'est qu'un roseau, le plus faible de la nature, mais c'est un roseau pensant » ne fut jamais plus vraie que des philosophes et de leurs amis.

XXᵉ SIÈCLE

Traditionaliste et soucieux de discréditer l'intelligence au profit des forces obscures de l'inconscient, BARRÈS voit dans l'*Encyclopédie* un ouvrage pernicieux :

> La grande affaire de ce temps, c'est de se libérer de l'esprit de l'*Encyclopédie* qui ne voit de source de vérité que dans la raison claire, qui proclame déraisonnable tout ce qu'on trouve d'irrationnel dans le monde (*Mes Cahiers*, X, 1913, p. 221).

La plupart des critiques contemporains insistent au contraire sur l'actualité de l'*Encyclopédie* :

> L'*Encyclopédie* de Diderot et d'Alembert ne doit pas s'attendre à la faveur de ceux, nombreux encore, qui, par tempérament et par doctrine, haïssent l'esprit du xviiiᵉ siècle et ne pardonnent pas aux philosophes d'avoir contribué à l'avènement de cette Révolution de 1789 qu'ils déplorent et qu'ils exècrent. Pour ceux-là, l'*Encyclopédie* reste l'ouvrage démoniaque qui est à l'origine de toutes les subversions politiques et sociales, à l'origine aussi de ces plates idées de liberté, d'humanité, d'égalité et de tant d'autres notions qu'ils qualifient de primaires, et se targuent de mépriser! [...] Si, après bientôt deux siècles, l'esprit qui animait l'ouvrage suscite encore tant de haines tenaces, qu'est-ce à dire sinon que cet esprit a toujours des raisons de vivre, qu'il conserve sa force agissante, qu'il est encore à l'œuvre dans le monde et qu'il serait injuste de le considérer avec l'indifférence qui s'attache aux objets dont la conquête et la possession paraissent définitives (Pierre Grosclaude, *Un audacieux message, l'Encyclopédie*, 1951, p. 209-210).

Dans une Préface à ce dernier ouvrage, PIERRE CLARAC s'attache à dégager l'humanisme de l'*Encyclopédie* :

> On ne parlait guère autrefois de l'*Encyclopédie* que pour la blâmer ou la louer d'avoir été une machine de guerre, une force de destruction. Nous sommes plus sensibles aujourd'hui, il me semble, à ce qu'elle affirme qu'à ce qu'elle nie. Ces défricheurs

n'abattaient que pour édifier. Ces ennemis de la foi étaient des hommes de foi. Ils croyaient à l'homme, à la bonté de sa nature, à la vertu de son travail. *Homo sapiens, homo faber :* le chef d'œuvre d'un artisan leur semblait égal en dignité à celui d'un savant ou d'un poète. Il n'y avait pas d'espérance qui ne leur parût légitime, lorsqu'ils présentaient le bilan du génie humain et de ses pacifiques victoires.

En 1933, ERNEST CASSIRER, s'opposant aux idées de Taine, remarque dans l'*Encyclopédie* le souci de réalisme et d'efficacité (*La Philosophie des lumières*, p. 267) :

> Dans *les Origines de la France contemporaine*, Taine fait aux Encyclopédistes le reproche d'avoir été des doctrinaires en chambre, d'avoir élaboré leur système politique et social d'une manière purement synthétique et de s'y être accrochés sans égard pour la réalité historique concrète. On tient depuis longtemps ce reproche pour indéfendable. Nul ne peut contester chez ces penseurs la soif de réalité, la souplesse de leur sens des réalités.

PAUL HAZARD montre que l'Encyclopédie a irradié l'Europe à une époque où l'on avait le goût des abrégés et des ouvrages portatifs (*La Pensée européenne au XVIIIe siècle*, p. 272-273) :

> Science et vulgarisation, voilà ce qu'elle veut être à la fois, et voilà ce que nous n'admettons plus aujourd'hui. Elle représente donc d'abord le mouvement de diffusion qui est conforme à la volonté de l'époque des lumières. De même que celle-ci, en matière de pensée, ne craint pas d'associer la notion de philosophie à la notion de peuple, de même en manière de connaissance, loin d'écarter les profanes, elle les appelle. Le réservé, le difficile, le secret ne sont pas de son goût; et cette route encore conduit de l'aristocratie des esprits à la bourgeoisie éclairée qui, plutôt que de vouloir pénétrer le secret des choses, s'empare du monde.

Le dialogue entre les différents collaborateurs du *Dictionnaire* suscite des réserves chez DANIEL MORNET (*Littérature française*, Bédier-Hazard, II, p. 78) :

> Les collaborateurs ne laissent pas de se contredire. Ni Diderot ni de Jaucourt n'ont réussi à les mettre d'accord sur quelques points qui avaient leur importance. Tour à tour l'*Encyclopédie* loue et blâme le célibat, fait l'éloge et la critique du luxe, approuve et renie le drame bourgeois. L'*Encyclopédie* n'est donc ni une

grande œuvre historique ni une grande œuvre scientifique; ce n'est le plus souvent qu'un ouvrage de vulgarisation intelligent.

La méthode suivie dans l'*Encyclopédie* apparaît au contraire à BERNARD GROETHUYSEN (*Philosophie de la Révolution française*, 1956, p. 108-109) comme un des aspects les plus positifs de l'œuvre :

La méthode suivie dans l'*Encyclopédie* peut être comparée à celle employée par les géographes. L'*Encyclopédie* est comme une carte géographique. On y voit les pays principaux, leur situation, leur dépendance réciproque. Et puis il y a des cartes spéciales : les différents articles de l'*Encyclopédie*. Et en cela on suit la méthode du géographe, c'est-à-dire qu'on détaille avec grand soin les cartes des contrées explorées, mais qu'on ne craint pas de laisser entre elles des espaces vides, où il y a encore des terres inconnues. Ensuite, de même que la carte générale du globe terrestre dépend du point de vue auquel se place le géographe, la forme que prendra l'*Encyclopédie* dépendra de l'attitude de ses collaborateurs et de la façon dont sera présenté chaque objet. On pourrait imaginer autant de systèmes pour grouper les connaissances humaines que de différentes espèces de cartes du monde. L'*Encyclopédie* fait penser à une grande étendue de paysage où l'on voit des montagnes, des plaines, des rochers, des surfaces liquides, des champs, des animaux, et toutes les multiples choses que peut comprendre un paysage. Tout y reçoit la lumière du ciel, mais chaque objet y est différemment éclairé. C'est ainsi que chaque collaborateur, chaque science, chaque art, chaque article, chaque objet trouve dans l'*Encyclopédie* sa langue et son style.

A l'occasion du deuxième centenaire de l'*Encyclopédie*, JEAN SARRAILH conclut en ces termes le cycle des conférences faites à la Sorbonne (*Annales de l'Université de Paris*, octobre 1952, p. 266-267) :

Avec le recul du temps, nous pouvons découvrir que l'*Encyclopédie* constitue la première manifestation condamnée et vigoureuse de l'esprit moderne, l'affirmation des valeurs nouvelles, de la science, je veux dire l'expérience et l'observation, substituées désormais à l'autorité et aux hypothèses [...]. C'est ainsi que l'*Encyclopédie* a réveillé ses contemporains et a ouvert aux hommes du XIXe et du XXe siècles les voies de la science et de la technique, de la justice, de la tolérance et de la fraternité.

THÈMES DE RÉFLEXION

1. Dans l'*Avertissement* du tome VIII, Diderot écrivait, à propos de l'*Encyclopédie* : « Qu'une révolution dont le germe se forme peut-être dans quelque canton ignoré de la terre, ou se couve secrètement au centre même des contrées policées, éclate avec le temps, renverse les villes, disperse de nouveaux peuples, et ramène l'ignorance et les ténèbres; s'il se conserve un seul exemplaire de cet ouvrage, tout ne sera pas perdu. »

À la lumière de ce texte, dégager l'importance de l'*Encyclopédie*.

2. « L'Encyclopédisme français part en guerre ouverte contre la religion, contre sa validité, contre sa prétendue vérité. Il lui reproche non seulement d'avoir freiné de tout temps le progrès intellectuel mais en outre de s'être toujours révélée incapable de fonder une vraie morale et un ordre politique et social juste. »

Expliquer ce jugement d'Ernest Cassirer (*La Philosophie des lumières*, p. 153).

3. Quelle philosophie de l'existence se dégage de l'*Encyclopédie*?

4. L'*Encyclopédie*, tribune politique de son siècle.

5. « L'homme est le terme unique d'où il faut partir et auquel il faut tout ramener », écrit Diderot dans l'article *Encyclopédie*. Quelles perspectives offre ce point de vue sur l'esprit qui anime les auteurs de l'ouvrage?

6. Nature et sciences de la nature dans l'*Encyclopédie*.

7. « La Révolution faite et le règne de la bourgeoisie instauré, les contradictions de la société nouvelle ne tardèrent pas à s'affirmer, nées de l'essor même du capitalisme et du développement du prolétariat. La bourgeoisie abandonna dès lors les positions de ses philosophes. A mesure que le prolétariat augmentait en nombre et en conscience, elle se détacha du matérialisme et de la pensée libre, et revint lentement, mais inexorablement, au catholicisme et à l'idéalisme : la métaphysique et la religion lui apparurent, comme jadis à l'aristocratie, les meilleurs soutiens de son ordre social. Le *Dictionnaire historique et critique* de Bayle (1697), préfiguration à certains titres de l'*Encyclopédie*, n'est plus réédité après 1820; la parution de la dernière contrefaçon de l'*Encyclopédie*, celle d'Agasse, se termine en 1832. Ces dates sont significatives : la bourgeoisie, une fois l'aristocratie foncière définitivement éliminée (et c'est en 1830), abandonne ses armes idéologiques. Le peuple était maintenant plus redoutable que les aristocrates. Oubliant qu'il fut un temps où elle était révolutionnaire, la bourgeoisie rejetait la philosophie du xviiie siècle qui affirmait le pouvoir de la raison sur la nature et la société. »

Quelles réflexions vous suggère cette analyse du rôle historique de l'*Encyclopédie* tracée par Albert Soboul (*Textes choisis de l'Encyclopédie*, p. 23)?

8. Voltaire écrit, à propos de l'*Encyclopédie*, dans le dernier chapitre de son *Précis du siècle de Louis XV* : « Il est certain que la connaissance de la nature, l'esprit de doute sur les fables anciennes honorées du nom d'histoires, la saine métaphysique dégagée des impertinences de l'École, sont les fruits de ce siècle et que la raison s'est perfectionnée. »

Expliquer et commenter ce jugement en précisant les allusions et en le rapprochant des jugements que Voltaire a portés sur le siècle de Louis XIV et qu'il a résumés dans un vers assez célèbre :

« Siècle de grands talents plutôt que de lumière. »

9. « L'œuvre encyclopédique est la prise de possession par les philosophes du xviiie siècle d'un monde qui en lui-même restera inconnu et qu'ils acceptent comme tel, renonçant à saisir sa réalité profonde. »

Commenter et, s'il y a lieu, discuter ce jugement de Bernard Groethuysen (« L'Encyclopédie », dans *Tableau de la littérature française*, xviie-xviiie siècles, p. 343).

10. En 1746, dans les *Pensées philosophiques*, Diderot écrit : « La philosophie n'est que l'opinion des passions. » Faites la part de la raison et des passions dans la « philosophie » de l'*Encyclopédie*.

11. « La littérature et le savoir de notre siècle tendent beaucoup plus à détruire qu'à édifier. » Ce jugement formulé par Rousseau dans la préface de l'*Émile* vous paraît-il applicable à l'*Encyclopédie?*

INDEX

Cet index contient, rangés par ordre alphabétique, les articles cités (italique) et les principaux problèmes (romain) sur lesquels l'Encyclopédie a émis une opinion dans ces articles. Les chiffres renvoient aux pages.

TABLE DES MATIÈRES

Illustrations

Imprimerie Berger-Levrault, Nancy — 776276-08-1988.
Dépôt légal : août 1988 — Dépôt légal 1re édition : 1967
Imprimé en France